KLAUS-ALBRECHT SELLMANN

Der schlichte Parlamentsbeschluß

Schriften zum Öffentlichen Recht

Band 29

Der schlichte Parlamentsbeschluß

Eine Studie zum Parlamentsakt außerhalb des Gesetzgebungsverfahrens
Dargestellt an Beschlüssen des Bundestages und des Bayerischen Landtages

Von

Dr. jur. Klaus-Albrecht Sellmann

DUNCKER & HUMBLOT / BERLIN

Alle Rechte vorbehalten
© 1966 Duncker & Humblot, Berlin 41
Gedruckt 1966 bei F. Zimmermann & Co., Berlin 30
Printed in Germany

Vorwort

Die Abhandlung hat der Juristischen Fakultät der Ludwig-Maximilians-Universität zu München als Dissertation vorgelegen. Referent ist Herr Professor Dr. Obermayer, Korreferent Herr Professor Dr. Grundmann gewesen. Die mündliche Prüfung hat am 1. März 1965 stattgefunden.

Auch an dieser Stelle möchte ich nochmals Herrn Professor Dr. Obermayer herzlich für die wohlwollende Förderung meiner Untersuchungen danken.

Ferner bin ich Herrn Ministerialrat a. D. Dr. Johannes Broermann zu besonderem Dank dafür verpflichtet, daß er den Druck der Abhandlung in seinem Verlage ermöglicht hat.

Oldenburg i. Oldb., im November 1965

Klaus-Albrecht Sellmann

Inhaltsverzeichnis

Einleitung 15

1. Gegenstand der Arbeit und Problemstellung — Gang der Untersuchung 15
2. Beispiele für nicht gesetzlich geregelte schlichte Parlamentsbeschlüsse 18

    a) Beschlüsse, die staatliche Grundentscheidungen enthalten S. 18 — b) Beschlüsse mit außenpolitischem Gegenstand S. 18 — c) Beschlüsse mit innenpolitischem Gegenstand S. 20 — d) Beschlüsse, die das Verhalten einer Landesregierung gegenüber dem Bund betreffen S. 21

Erster Teil
Schrifttum, Rechtsprechung und Praxis der Parlamente   23

I. Schrifttum 23

    A. Stimmen gegen eine uneingeschränkte Befugnis des Parlaments zu schlichten Beschlüssen 23

    B. Herrschende Meinung: Generelle Befugnis des Parlaments zu unverbindlichen Beschlüssen 24

        1. Gewaltenteilungsgrundsatz 24
        2. Rechtsstaats- bzw. Gesetzmäßigkeitsprinzip 25
        3. Gleichrangigkeit von Parlament und Exekutive 26
        4. Bestimmung der Richtlinien der Politik durch den Regierungschef 27

    C. Ansätze für die Bejahung einer Verbindlichkeit 28

II. Rechtsprechung 28

III. Praxis der Parlamente 30

IV. Einhelligkeit der Meinungen hinsichtlich der politischen Bedeutung schlichter Parlamentsbeschlüsse 31

Zweiter Teil
Rechtmäßigkeit und Wirkungen schlichter Parlamentsbeschlüsse   33

Erstes Kapitel
Die rechtliche Problematik und das Politische der schlichten Parlamentsbeschlüsse   33

I. Plan zur Lösung der Rechtsfragen 33
II. Der politische Aspekt der schlichten Parlamentsbeschlüsse 35

Zweites Kapitel

Allgemeine Einteilung der schlichten Parlamentsbeschlüsse und allgemeine Grundregeln   38

I. Einteilung der schlichten Parlamentsbeschlüsse in verbindlich bzw. unverbindlich gewollte und in objektiv verbindliche bzw. unverbindliche Beschlüsse 38
II. Einteilung der schlichten Parlamentsbeschlüsse nach staatlichen Tätigkeitsbereichen 40
III. Zur Rechtmäßigkeit schlichter Parlamentsbeschlüsse 41
IV. Zur Frage der Auslegung der schlichten Parlamentsbeschlüsse ... 43
V. Tatsächliche Wirkungen schlichter Parlamentsbeschlüsse 44

Drittes Kapitel

Auseinandersetzung mit den Argumenten der herrschenden Meinung   47

I. Das Gewaltenteilungsprinzip 47
II. Das Rechtsstaats- bzw. Gesetzmäßigkeitsprinzip 51
III. Die Gleichrangigkeit von Parlament und Exekutive 56
IV. Die Bestimmung der Richtlinien der Politik durch den Regierungschef 59

Viertes Kapitel

Der schlichte Parlamentsbeschluß in den einzelnen staatlichen Tätigkeitsbereichen   63

I. Grundentscheidungen des Staates 63
   1. Begriffsbestimmung, Beispiele, Abgrenzung von zweitrangigen Entscheidungen und Wesen der Grundentscheidungen 63
   2. Die Grundentscheidung als Aufgabe des Parlaments und der Regierung 65
   3. Grundentscheidungen als Gegenstand schlichter Parlamentsbeschlüsse 66
   4. Verbindlichkeit der schlichten Parlamentsbeschlüsse, die Grundentscheidungen darstellen 67
II. Auswärtige Angelegenheiten 70
   1. Begriffsbestimmungen 70
   2. Die auswärtige Gewalt als „kombinierte" Gewalt 70
   3. Einteilung der schlichten Parlamentsbeschlüsse und Beispiele . . 72
   4. Verbindliche Beschlüsse im Zusammenhang mit politischen Verträgen 74
      a) Befugnis zu verbindlichen Einleitungsbeschlüssen S. 74 — b) Befugnis zu verbindlicher Einflußnahme auf schwebende Vertragsverhandlungen S. 76 — c) Verbindlichkeit der als Beispiele zitierten Bundestagsbeschlüsse S. 78

Inhaltsverzeichnis

5. Verbindliche Beschlüsse zu einseitigen völkerrechtlichen Akten staatsleitenden Charakters 78
6. Unverbindliche Beschlüsse zu auswärtigen Angelegenheiten von nicht-staatsleitender Natur 79
7. Befugnis zu billigenden Stellungnahmen 80
8. Beschränkte Befugnis des Bundestages zur Repräsentation der Bundesrepublik durch schlichte Beschlüsse 81

III. Innere Angelegenheiten 82

A. Regierungsbereich 82

1. Regierungsbildung und -führung 84
   a) Die grundgesetzliche Regelung der Regierungsbildung und -führung S. 84 — b) Schlichte Parlamentsbeschlüsse außerhalb der grundgesetzlichen Regelung der Art. 67 und 68 S. 85 — c) Befugnis zu Mißbilligungsvoten S. 87 — d) Keine Befugnis zu Entlassungsvoten S. 88

2. Schlichte Parlamentsbeschlüsse im Bereich der staatlichen Haushaltswirtschaft 89
   a) Die Mitwirkung des Parlaments an der Gestaltung der staatlichen Haushaltswirtschaft S. 89 — b) Einteilung der nicht gesetzlich geregelten Beschlüsse zur Lenkung und Verteilung staatlicher Mittel sowie Beispiele S. 91 — c) Unterschiedliche Befugnis zu Voranschlagsbeschlüssen S. 92 — d) Unverbindlichkeit der Ausführungsbeschlüsse S. 95 — e) Heckels These von der Verbindlichkeit schlichter Parlamentsbeschlüsse bei politisch akzentuierten Haushaltsansätzen S. 96

3. Der Bundeszwang, die Bundesaufsicht und die Polizeihilfe als Gegenstände schlichter Parlamentsbeschlüsse 97
   a) Regelung des Bundeszwanges, der Bundesaufsicht und der Polizeihilfe S. 97 — b) Schlichte Parlamentsbeschlüsse zum Bundeszwang, zur Bundesaufsicht und zur Polizeihilfe S. 97 — c) Bei der Tatbestandsfeststellung durch die Bundesregierung nur Befugnis zu Stellungnahmen S. 99 — d) Bei der Ermessensentscheidung der Bundesregierung und ihrer Durchführung keine Befugnis zu verbindlich gewollten Beschlüssen S. 100 — e) Keine Befugnis zu verbindlich gewollten Beschlüssen zur Einleitung oder Aufhebung eines Verfahrens S. 101

4. Die Einbringung einer Gesetzesvorlage als Gegenstand schlichter Parlamentsbeschlüsse 102
   a) Verfassungsrechtliche Regelung der Gesetzgebung und Verfassungswirklichkeit S. 102 — b) Beispiele für schlichte Parlamentsbeschlüsse zur Einbringung eines Gesetzentwurfs S. 103 — c) Befugnis zu verbindlichen Beschlüssen S. 103 — d) Verbindlichkeit der als Beispiele angeführten Beschlüsse S. 104

B. Verwaltungsbereich 105

1. Inhaltsbestimmung 105
2. Die verfassungsrechtliche Regelung der Zuständigkeiten und Befugnisse im Verwaltungsbereich 105

3. Einteilung der schlichten Parlamentsbeschlüsse im Verwaltungsbereich und Beispiele 106

4. Schlichte Parlamentsbeschlüsse zum Gesetzesvollzug durch Erlaß von Einzelakten gegenüber Rechtsträgern 109
a) Gesetzesvollzug gegenüber einem zumindest bestimmbaren Betroffenenkreis S. 109 — (1) Keine Befugnis zu verbindlichen Beschlüssen S. 109 — (2) Befugnis zu unverbindlichen Beschlüssen S. 109 — b) Gesetzesvollzug gegenüber einem unbestimmten Betroffenenkreis S. 110 — (1) Keine Befugnis zu verbindlichen Beschlüssen S. 110 — (2) Befugnis zu unverbindlichen Beschlüssen S. 111 — c) Beurteilung der als Beispiele wiedergegebenen Bundestags- und Landtagsbeschlüsse S. 111 — d) Schlichte Parlamentsbeschlüsse und Gesetzesinterpretation S. 112

5. Schlichte Parlamentsbeschlüsse, die nicht den Gesetzesvollzug durch Erlaß von Einzelakten gegenüber Rechtsträgern betreffen 115
a) Verwaltungshandlungen mit rechtlicher Außenwirkung S. 115 — (1) Gesetzesvorbehalt für Belastungen und Begünstigungen — keine Ermächtigung durch das Haushaltsplangesetz zu finanziellen Leistungen zugunsten von Rechtsträgern S. 115 — (2) Keine Befugnis zu verbindlichen oder auch nur unverbindlichen Beschlüssen S. 116 — b) Innerbetriebliche Leistungen S. 117 — (1) Erfordernis einer parlamentarischen Ermächtigung für innerbetriebliche Leistungen S. 117 — (2) Ausreichende Ermächtigung durch das Haushaltsplangesetz, nicht durch einen schlichten Parlamentsbeschluß S. 117 — (3) Beschränkte Befugnis zu unverbindlichen Beschlüssen S. 119 — c) Erörterung der als Beispiele gebrachten schlichten Parlamentsbeschlüsse S. 119

6. Schlichte Parlamentsbeschlüsse, die sich auf organisatorische Maßnahmen beziehen 120
a) Organisatorische Akte mit Außenwirkung S. 120 — (1) Geltung des Gesetzesvorbehalts S. 120 — (2) Nur bei gesetzlicher Ermächtigung Befugnis zu unverbindlichen Beschlüssen S. 121 — b) Organisatorische Maßnahmen ohne Außenwirkung S. 121 — (1) Verfassungsrechtliche Regelung der Befugnisse zur Vornahme organisatorischer Akte ohne Außenwirkung S. 121 — (2) Grundsätzliche Befugnis zu verbindlichen Beschlüssen S. 122 — c) Prüfung der als Beispiele aufgeführten Beschlüsse S. 123

IV. Schlichte Beschlüsse eines Landesparlaments, die das Verhalten der Landesregierung im Bundesrat betreffen 124

1. Bisherige Lösungsversuche 125

2. Auseinandersetzung mit den bisherigen Lösungsversuchen und eigener Lösungsvorschlag 127

3. Beurteilung des als Beispiel zitierten Landtagsbeschlusses . . . 131

Fünftes Kapitel
Die rechtlichen Wirkungen der Nichtbeachtung eines verbindlichen schlichten Parlamentsbeschlusses und seine Durchsetzung ... 132

I. Keine Unwirksamkeit der Akte der Exekutive bei Mißachtung eines verbindlichen Beschlusses. 132

II. Verbindliche schlichte Parlamentsbeschlüsse und der Verfassungsrechtsweg 133
   1. Die Regelung des Verfahrens bei Organstreitigkeiten 134
   2. Keine Durchsetzung eines verbindlichen Beschlusses im Organstreitverfahren 135
   3. Faktische Wirkungen des Organstreitverfahrens — das Mißtrauensvotum als ultima ratio 137

Sechstes Kapitel
Zur Frage einer Aufwertung des schlichten Parlamentsbeschlusses 138

Anhang
Bedeutung der nicht gesetzlich geregelten schlichten Parlamentsbeschlüsse für Judikative und Rechtsträger 142

  I. Der schlichte Parlamentsbeschluß und die Judikative 142
 II. Der schlichte Parlamentsbeschluß und der einzelne Rechtsträger . . 143

Schrifttumsverzeichnis 146

Abkürzungen

AöR	= Archiv des öffentlichen Rechts (zit. nach Band und Seite)
BayVBl.	= Bayerische Verwaltungsblätter (zit. nach Jahr und Seite)
BayVerf	= Bayerische Verfassung v. 2. 12. 1946 (GVBl. S. 333)
BayVerfGH	= Bayerischer Verfassungsgerichtshof
BayVGHE nF II	= Bayerischer Verfassungsgerichtshof in der Sammlung von Entscheidungen des Bayerischen Verwaltungsgerichtshofes, neue Folge ab 1946, II. Teil (zit. nach Band und Seite)
Beil.	= Beilage
BGBl.	= Bundesgesetzblatt
BGHZ	= Amtliche Sammlung der Entscheidungen des Bundesgerichtshofs in Zivilsachen
BVerfG	= Bundesverfassungsgericht
BVerfGE	= Amtliche Sammlung der Entscheidungen des Bundesverfassungsgerichts (zit. nach Band und Seite)
BVerwG	= Bundesverwaltungsgericht
BVerwGE	= Entscheidungen des Bundesverwaltungsgerichts (zit. nach Band und Seite)
BVGG	= Gesetz über das Bundesverfassungsgericht v. 12. 3. 1951 (BGBl. I, 243)
DÖV	= Die Öffentliche Verwaltung (zit. nach Jahr und Seite)
Drucks.	= Drucksache
DVBl.	= Deutsches Verwaltungsblatt (zit. nach Jahr und Seite)
GeschOBT	= Geschäftsordnung des Deutschen Bundestages (Bekanntmachung v. 28. 1. 1952, BGBl. II, 389, mit Änderungen durch Bekanntmachung v. 6. 12. 1955, BGBl. II, 1048)
GeschOBayLT	= Geschäftsordnung für den Bayerischen Landtag v. 27. 10. 1954 (StenBer d. 2. Wahlp. — Beil. 5857, 6027) idF. der Beschlüsse v. 13. 12. 1954 (StenBer d. 3. Wahlp. — Beil. 1), v. 25. 1. 1955 (StenBer d. 3. Wahlp. — Beil. 90) und v. 4. 12. 1958 (StenBer d. 4. Wahlp. — Beil. 1)
GG	= Grundgesetz für die Bundesrepublik Deutschland

GMBl.	= Gemeinsames Ministerialblatt des Bundesministers des Innern, des Bundesministers für Angelegenheiten der Vertriebenen, des Bundesministers für den Wohnungsbau, des Bundesministers für gesamtdeutsche Fragen, des Bundesministers für Angelegenheiten des Bundesrates (ab 1950)
GVBl.	= Gesetz- und Verordnungsblatt
JuS	= Juristische Schulung (zit. nach Jahr und Seite)
JZ	= Juristenzeitung (zit. nach Jahr und Seite)
MDR	= Monatsschrift für Deutsches Recht (zit. nach Jahr und Seite)
NJW	= Neue Juristische Wochenschrift (zit. nach Jahr und Seite)
RGBl.	= Reichsgesetzblatt
RHO	= Reichshaushaltsordnung v. 31. 12. 1922 (RGBl. II, 17)
Rspr.	= Rechtsprechung
StenBer (BT/BayLT)	= Stenographische Berichte (des Bundestages/des Bayerischen Landtages)
VerwRspr.	= Verwaltungsrechtsprechung in Deutschland (zit. nach Band und Seite)
VfGHG	= Bayerisches Gesetz über den Verfassungsgerichtshof v. 22. 7. 1947 idF. der Bekanntmachung v. 26. 10. 1962 (GVBl. S. 337)
VGH	= Verwaltungsgerichtshof
VVDStRL	= Veröffentlichungen der Vereinigung der Deutschen Staatsrechtslehrer (zit. nach Heft und Seite)
VwGO	= Verwaltungsgerichtsordnung v. 21. 1. 1960 (BGBl. I, 17)
Wahlp.	= Wahlperiode
ZgesStW	= Zeitschrift für die gesamte Staatswissenschaft (zit. nach Band und Seite)

Einleitung

1. Gegenstand der Arbeit und Problemstellung — Gang der Untersuchung

Die Staatspraxis bietet eine Fülle von Beispielen für nicht in Gesetzesform verabschiedete Entscheidungen des Parlaments. Thoma[1] hat diese Akte des Parlaments, die der „umständlichen Solennität des Gesetzgebungsverfahrens" entbehren[2], sehr anschaulich „schlichte Parlamentsbeschlüsse" genannt.

Die schlichten Parlamentsbeschlüsse lassen sich einteilen in durch die Verfassung (Grundgesetz und Landesverfassungen) oder durch einfaches Gesetz geregelte und in nicht ausdrücklich gesetzlich geregelte Beschlüsse.

Zu den ersteren rechnen z. B. die Beschlüsse des Parlaments, mit denen die Anwesenheit von Regierungsmitgliedern verlangt wird (Art. 43 Abs. 1 GG, Art. 24 Abs. 1 BayVerf); ebenso gehört hierher die Zustimmung des Bundestages nach § 47 Abs. 3 RHO zu Veräußerungen im Eigentum des Bundes stehender Grundstücke durch die Bundesregierung. Weitere Beispiele sind noch das parlamentarische Mißtrauensvotum gemäß Art. 67 GG und die Feststellung des Verteidigungsfalles durch den Bundestag nach Art. 59a GG.

Gegenstand der folgenden Untersuchung sind die nicht ausdrücklich gesetzlich geregelten schlichten Parlamentsbeschlüsse; allein sie sind hier gemeint, wenn der Einfachheit halber nur von „schlichten Parlamentsbeschlüssen" gesprochen wird. Auf die gesetzlich geregelten Beschlüsse wird lediglich eingegangen, soweit sich aus ihnen allgemeingültige Rückschlüsse für die schlichten Parlamentsbeschlüsse ziehen lassen.

Die nicht gesetzlich geregelten schlichten Parlamentsbeschlüsse werden herkömmlicherweise unter der Bezeichnung „Resolutionen" oder „Entschließungen" zusammengefaßt. Meist sind sie als Ersuchen, Aufforderungen, Empfehlungen oder Bitten an die Regierung formuliert. Oft heißt es aber auch nur, die Regierung habe im einzelnen näher bezeichnete Maßnahmen zu treffen oder sich in einem bestimmten Sinne zu ver-

---

[1] HDStR II, 221.
[2] Obermayer, Grundzüge, S. 22.

halten. Der Inhalt dieser schlichten Parlamentsbeschlüsse reicht von Willenserklärungen zum Gesetzesvollzug durch Einzelakte der Exekutive bis zu Stellungnahmen zu Fragen, die für die Gestaltung und Zielsetzung des Staates in Gegenwart und Zukunft grundlegend sind, wie beispielsweise die Entscheidung des Bundestages für einen Europäischen Bündnispakt oder für die Wiedervereinigung Deutschlands in Freiheit mit friedlichen Mitteln.

Obwohl die schlichten Parlamentsbeschlüsse schon allein wegen ihrer Häufigkeit und als Willensäußerungen des Parlaments für die Staatspraxis von erheblicher Bedeutung sind, hat man sie bisher nicht in wissenschaftlicher Weise systematisch untersucht. Die Frage, wie sie rechtlich und politisch zu beurteilen sind, ist noch weitgehend ungeklärt.

Das Schrifttum, die Rechtsprechung und die Parlamente[3] haben sich vornehmlich nur mit dem Problem beschäftigt, ob die Exekutive zum Vollzug nicht gesetzlich geregelter schlichter Parlamentsbeschlüsse rechtlich verpflichtet ist. Sie haben sich damit einer Frage zugewandt, deren Beantwortung für die Staatspraxis sicherlich von besonderer Bedeutung ist. Die Problematik der schlichten Parlamentsbeschlüsse ist jedoch vielschichtiger; sie ist allein mit der Frage nach der Verbindlichkeit dieser Beschlüsse keineswegs erschöpft. Bei einer systematischen Untersuchung stellen sich vielmehr im einzelnen folgende Probleme:

Darf das Parlament überhaupt solche gesetzlich nicht vorgesehenen Beschlüsse fassen? Man muß sich also, was bisher nicht geschehen ist, auch mit der Rechtmäßigkeit und den Folgen einer möglichen Rechtswidrigkeit dieser parlamentarischen Willensäußerungen beschäftigen.

Weiterhin kann man sich nicht damit begnügen zu untersuchen, ob diese Beschlüsse für die Exekutive rechtlich verbindlich oder unverbindlich sind. Es muß vielmehr auch geprüft werden, welche rechtlichen Wirkungen sich für die Handlungen der Exekutive ergeben, wenn sie einen schlichten Parlamentsbeschluß nicht beachtet, und ob dem Parlament ein Gerichtsweg eröffnet ist, seinen Willen durchzusetzen.

Ferner muß die Frage beantwortet werden, ob und inwieweit die schlichten Parlamentsbeschlüsse für die Judikative und den einzelnen Rechtsträger rechtlich von Bedeutung sind.

Schließlich ist zu bedenken, daß staatliche Hoheitsakte neben rechtlichen grundsätzlich auch tatsächliche (politische) Wirkungen haben können. Es stellt sich also die Frage, welche tatsächliche (politische) Bedeutung den schlichten Parlamentsbeschlüssen für die Exekutive zukommt.

---

[3] Vgl. z. B. die Stellungnahmen von Abgeordneten im Bundestag in der 44. und 81. Sitzung der 1. Wahlp. (StenBer d. 1. Wahlp., S. 1498—1501, 3031—3038) und die Debatten im Bayerischen Landtag in den Sitzungen vom 7. 2. 1952 (StenBer d. 2. Wahlp., II. Tagung 1951/1952, S. 1431 ff) und vom 3. 4. 1952 (StenBer d. 2. Wahlp., II. Tagung 1951/1952, S. 1890 ff).

Eine eingehendere Untersuchung der nicht gesetzlich geregelten schlichten Parlamentsbeschlüsse erscheint mithin geboten. Gegenstand der Abhandlung sind schlichte Beschlüsse des Bundestages und des Bayerischen Landtages. Die Beschlüsse des Bayerischen Landtages werden hierbei als Beispiele für schlichte Beschlüsse der Landesparlamente erörtert.

Der Gang der Untersuchung ist folgender:

Zunächst wird, um erst einmal anhand von praktischen Beispielen den Gegenstand der Abhandlung zu umreißen, nachstehend unter Nr. 2 eine Anzahl schlichter Beschlüsse des Bundestages und des Bayerischen Landtages inhaltlich wiedergegeben.

Im ersten Teil der Arbeit werden sodann die bisher im Schrifttum, in der Rechtsprechung und im Bundestag sowie im Bayerischen Landtag vertretenen Meinungen über die rechtliche Bedeutung dieser Beschlüsse dargestellt.

Der zweite Teil bringt die eigenen Ansichten. Hier wird zunächst der Plan entworfen, nach dem die gestellten Rechtsfragen zu lösen sind. Ferner wird erörtert, welche Folgerungen sich aus dem sogenannten politischen Aspekt der schlichten Parlamentsbeschlüsse für ihre rechtliche Beurteilung ziehen lassen.

Anschließend befaßt sich die Untersuchung mit der allgemeinen Einteilung der schlichten Parlamentsbeschlüsse nach ihren Rechtswirkungen und ihrem Inhalt, mit der Frage nach der Rechtmäßigkeit dieser parlamentarischen Willensäußerungen sowie mit den Folgen, die sich aus ihrer etwaigen Rechtswidrigkeit ergeben. Endlich werden in diesem Zusammenhang die tatsächlichen Wirkungen schlichter Parlamentsbeschlüsse für die Exekutive behandelt.

Die hierauf folgende Auseinandersetzung mit der herrschenden Meinung beantwortet die Frage, ob und inwieweit sich aus den von ihr angewandten Verfassungsprinzipien Rechtsregeln für die schlichten Parlamentsbeschlüsse ableiten lassen.

Danach werden für die nach verschiedenen staatlichen Tätigkeitsbereichen eingeteilten schlichten Parlamentsbeschlüsse allgemeine Regeln über ihre Verbindlichkeit und Unverbindlichkeit, ihre Rechtmäßigkeit und Rechtswidrigkeit sowie über ihre Wirksamkeit und Unwirksamkeit aufgestellt und die als Beispiele zitierten Beschlüsse nach diesen Regeln rechtlich gewürdigt.

Sodann wird untersucht, welche rechtlichen Folgen sich aus der Nichtbeachtung eines verbindlichen Beschlusses für die Handlungen der Exekutive ergeben und ob dem Parlament ein Gerichtsweg zur Durchsetzung eines verbindlichen Beschlusses offen steht.

Der zweite Teil schließt mit einer Stellungnahme zur „Aufwertung" des schlichten Parlamentsbeschlusses. Die Untersuchung befaßt sich hier mit der rechtspolitischen Frage, ob man den schlichten Parlamentsbeschluß mit den Rechtswirkungen des förmlichen Gesetzes ausstatten und gleichzeitig das „Gesetz" substantiell und terminologisch auf grundlegende Akte von wirklichem Gewicht beschränken soll.

In einem Anhang wird die Bedeutung der schlichten Parlamentsbeschlüsse für die Judikative und für den einzelnen Rechtsträger behandelt.

2. Beispiele für nicht gesetzlich geregelte schlichte Parlamentsbeschlüsse[4]

a) Beschlüsse, die staatliche Grundentscheidungen enthalten

In einem Beschluß vom 26. 7. 1950 hat sich der Bundestag für einen „Europäischen Bundespakt" eingesetzt[5]. Er hat dieses „Bekenntnis zum Abschluß eines Europäischen Bündnispaktes" danach noch mehrfach wiederholt, so z. B. in den Beschlüssen vom 8. 2. 1952[6] und vom 30. 4. 1954[7].

In mehreren Beschlüssen hat der Bundestag ferner als sein vordringlichstes politisches Ziel die „Wiedervereinigung Deutschlands in Freiheit mit friedlichen Mitteln" genannt und sich „gegen die Spaltung Deutschlands" ausgesprochen[8].

Beispiele für staatliche Grundentscheidungen sind schließlich die Beschlüsse des Bundestages zur Saarfrage. Der Bundestag hat in diesen Beschlüssen mehrfach erklärt, daß das „Saargebiet deutsches Staatsgebiet" ist. Er hat sich bei dieser Gelegenheit fast immer auch „zu einer Einigung Europas" bekannt[9].

b) Beschlüsse mit außenpolitischem Gegenstand

In großer Zahl finden sich Beschlüsse des Bundestages mit außenpolitischem Inhalt. Hierzu rechnen z. B. die Beschlüsse, mit denen die Bun-

---

[4] Die Beschlüsse werden zum Teil nur ihrem wesentlichen Inhalt nach oder mit erheblich gekürztem Wortlaut wiedergegeben.
[5] StenBer d. 1. Wahlp., S. 2837 — Drucks. 1193.
[6] StenBer d. 1. Wahlp., S. 8243 — Drucks. 3074.
[7] StenBer d. 2. Wahlp., S. 1181 — Drucks. 501.
[8] Vgl. StenBer d. 1. Wahlp., S. 6712 — Drucks. 2596; S. 8799 — Drucks. 3277; StenBer d. 2. Wahlp., S. 796 — Drucks. 452; S. 2320 — Drucks. 864; S. 3858 — Drucks. 1201.
[9] Vgl. StenBer d. 1. Wahlp., S. 8875 — Drucks. 3315; StenBer d. 1. Wahlp., S. 13 938 — Drucks. 4436 (Der Wille zur Einigung Europas wird hier bekundet im Rahmen einer Aufstellung von „Grundsätzen, von denen die Bundesregierung bei der weiteren Behandlung der Saarfrage auszugehen" aufgefordert wird.); StenBer d. 2. Wahlp., S. 1181 — Drucks. 501; S. 3932 — Umdruck 297 neu.

desregierung „ersucht" worden ist,

„mit den Hohen Kommissaren wegen Paßerleichterungen zu verhandeln"[10];

„mit Holland wegen eines Grenzüberganges zu verhandeln"[11];

„sich zur Sicherung des Friedens für Ost-West-Verhandlungen wegen der Wiedervereinigung und Abrüstung einzusetzen"[12].

Beschlüsse des Bundestages, in denen der Abschluß von Abkommen bzw. Verträgen angestrebt wird, lauten etwa folgendermaßen:

„Die Bundesregierung wird ersucht,
eine vertragliche Regelung mit Frankreich wegen jugendlicher Fremdenlegionäre zu treffen"[13];

„die Ausarbeitung eines europäischen Abkommens in die Wege zu leiten"[14].

Weiterhin hat der Bundestag mehrfach zu bestimmten Vorgängen Erklärungen abgegeben. Beispiele hierfür sind:

„Der Bundestag bedauert
die Erfolglosigkeit der Berliner Konferenz (Januar 1954) und dankt den Westmächten"[15];

„die französische Saarmaßnahmen"[16].

Der voranschreitende Ausbau supranationaler Organisationen wird die Zahl auch solcher Beschlüsse wachsen lassen wie etwa folgender:

„Die Bundesregierung wird ersucht,
im Ministerkomitee des Europarates die beschleunigte Schaffung eines Kulturfonds zu fordern"[17];

„sich für die baldmöglichste Vorlegung des Textes für ein Beamtenstatut einzusetzen"[18].

Endlich sei noch eine bloße Stellungnahme des Bundestages erwähnt:

„Der Bundestag erklärt sich mit der Aufnahme diplomatischer Beziehungen zwischen der Bundesrepublik und der UdSSR einverstanden"[19].

---

[10] StenBer d. 1. Wahlp., S. 1138 — Drucks. 468. — Es ist allerdings umstritten, ob die Alliierte Hohe Kommission als auswärtige Macht anzusprechen ist; vgl. hierzu z. B. Eberhard Menzel, AöR 79, 329 ff.
[11] StenBer d. 1. Wahlp., S. 4326 — Drucks. 1782.
[12] StenBer d. 3. Wahlp., S. 419 — Umdruck 7.
[13] StenBer d. 3. Wahlp., S. 3266 — Drucks. 641.
[14] StenBer d. 3. Wahlp., S. 3658 — Drucks. 831.
[15] StenBer d. 2. Wahlp., S. 550 — Drucks. 286.
[16] StenBer d. 1. Wahlp., S. 8242 — Drucks. 3076.
[17] StenBer d. 3. Wahlp., S. 2463 — Drucks. 501.
[18] StenBer d. 3. Wahlp., S. 3042 — Drucks. 458.
[19] StenBer d. 2. Wahlp., S. 5670.

c) Beschlüsse mit innenpolitischem Gegenstand

Die Beschlüsse mit innenpolitischem Gegenstand sind die bei weitem häufigsten. Jedes Beispiel kann deshalb als stellvertretend für viele ähnliche angesehen werden. Im einzelnen erscheinen folgende Beschlüsse des Bundestages (an die Bundesregierung) und des Bayerischen Landtages (an die Staatsregierung) besonders erwähnenswert:

„Die Bundesregierung wird ersucht,
in den Haushaltsvoranschlag 1950/51 zwanzig Millionen DM für Ausfallbürgschaften für Filme aufzunehmen"[20];

„zur Milderung von Trockenheitsschäden 4,2 Millionen DM zur Verfügung zu stellen und davon 3 Millionen dem Lande Niedersachsen anzuweisen"[21];

„als Hilfe für Hochwasserschäden in Vilshofen 300 000 DM außerplanmäßig zur Verfügung zu stellen"[22];

„eine Planstelle beim Bundespresseamt einzurichten"[23];

„zur Erhaltung unserer Baukultur und des Steinmetz- und Steinbildhauergewerbes im Rahmen der haushaltsrechtlichen Gegebenheiten die Verwendung von Naturwerksteinen zu fördern"[24];

„beim Aufbau der Bundesbehörden bevorzugt Heimatvertriebene zu berücksichtigen"[25];

„über die Zahl der Mißgeburten Erhebungen anzustellen und darüber zu berichten"[26].

„Die Bundesregierung wird aufgefordert,
den Entwurf eines Arzneimittelgesetzes vorzulegen"[27].

„Die Bundesregierung wird beauftragt,
die festgelegten Sätze für Weihnachtsbeihilfen zu erhöhen"[28].

„Das Referat Schulspeisung untersteht ab sofort dem Bundesinnenminister; zur Unterstützung wird ein Beirat gebildet, dessen Zusammensetzung und Verfahrensweise durch Rechtsverordnung zu regeln sind"[29].

---

[20] StenBer d. 1. Wahlp., S. 2120 — Drucks. 775.
[21] StenBer d. 3. Wahlp., S. 5226 — Drucks. 1479.
[22] StenBer d. 2. Wahlp., S. 6782 — Drucks. 2124.
[23] Beschluß zum Haushaltsgesetzentwurf 1956, StenBer d. 2. Wahlp., S. 8457 — Umdruck 710.
[24] StenBer d. 1. Wahlp., S. 4053 — Drucks. 1628.
[25] StenBer d. 1. Wahlp., S. 302 — Drucks. 93.
[26] StenBer d. 3. Wahlp., S. 1674 — Drucks. 386.
[27] StenBer d. 2. Wahlp., S. 6141 — Drucks. 1840.
[28] StenBer d. 1. Wahlp., S. 3782 — Drucks. 1586.
[29] StenBer d. 1. Wahlp., S. 3042 f/3509 — Drucks. 1265, Nr. 1,3 und 4/1457 (zu Drucks. 1265, Nr. 2).

„Die (Bayerische) Staatsregierung wird ersucht,
den Ansatz für Volksbüchereien im nächsten Haushalt zu verdoppeln"[30];

„den durch zweimalige Katastrophenhochwasser im Ammertal in Not geratenen Gemeinden und Grundbesitzern die notwendige Hilfe zu gewähren"[31];

„einen Meldegesetzentwurf vorzulegen"[32];

„die Verfeuerung bayerischer Kohle in den staatlichen Hochbauten vorzusehen und den kommunalen Bauträgern zu empfehlen"[33];

„den Vollzug der gesetzlichen Bestimmungen über Ausländer gegenüber unerwünschten Personen schärfer zu handhaben"[34].

„Die Staatsregierung wird
um Berichte über die Möglichkeiten des Abbaues von Staatsaufgaben ersucht"[35].

„Die Staatsregierung wird beauftragt,
den Beamten usw. des bayerischen Staates unter Vorwegnahme einer späteren gesetzlichen Regelung noch vor Weihnachten Weihnachtszuwendungen in der gleichen Höhe wie im Vorjahr auszuzahlen"[36].

„Die Staatsregierung wird gebeten,
den Vollzug der §§ 7, 8 Abs. 3 und 9 Abs. 1 der Verordnung über den Vollzug des Hebammengesetzes bis zur Entscheidung über die anhängige Verfassungsklage auszusetzen"[37].

„Zur Schaffung von Schulräumen für landwirtschaftliche Berufsschulen werden Darlehen gewährt"[38].

„Zur Milderung des Lehrermangels werden folgende Maßnahmen ergriffen: . . ."[39].

d) Beschlüsse, die das Verhalten einer Landesregierung gegenüber dem Bund betreffen

Die bundesstaatliche Ordnung bringt es mit sich, daß ein Landesparlament auch Beschlüsse über das Verhalten der Landesregierung gegenüber dem Bunde, insbesondere aber im Bundesrat, faßt. Beispiele hier-

---

[30] StenBer d. 3. Wahlp. — Beil. 1757.
[31] StenBer d. 3. Wahlp. — Beil. 2793.
[32] StenBer d. 4. Wahlp. — Beil. 621.
[33] StenBer d. 4. Wahlp. — Beil. 387.
[34] StenBer d. 4. Wahlp. — Beil. 620.
[35] StenBer d. 4. Wahlp. — Beil. 1131.
[36] StenBer d. 3. Wahlp. — Beil. 5.
[37] StenBer d. 4. Wahlp. — Beil. 1247.
[38] StenBer d. 3. Wahlp. — Beil. 739.
[39] StenBer d. 4. Wahlp. — Beil. 1856.

für sind folgende Beschlüsse des Bayerischen Landtages:
„Die Staatsregierung wird ersucht,
   im Bundesrat dahin zu wirken, daß die geplanten Tariferhöhungen für den Berufs- und Schülerverkehr unterbleiben"[40];

„im Bundesrat der Verordnung über die Weinbau-Betriebserhebung vom Frühjahr 1958 die Zustimmung zu erteilen"[41];

„eine Bereitstellung von Geldern für den Mainkanal beim Bund zu erwirken"[42].

---

[40] StenBer d. 3. Wahlp. — Beil. 3045.
[41] StenBer d. 3. Wahlp. — Beil. 3315.
[42] StenBer d. 4. Wahlp. — Beil. 291.

Erster Teil

Schrifttum, Rechtsprechung und Praxis der Parlamente

I. Schrifttum

A. Stimmen gegen eine uneingeschränkte Befugnis des Parlaments zu schlichten Beschlüssen

Im Schrifttum wird — wie auch in der Rechtsprechung und in der Praxis der Parlamente — im allgemeinen allein die Frage erörtert, welche Wirkungen die nicht gesetzlich geregelten schlichten Parlamentsbeschlüsse für die Exekutive haben. Dabei wird die Befugnis des Parlaments, in solchen Beschlüssen seinen Willen zu äußern, fast einhellig bejaht, ohne daß sie freilich im einzelnen begründet wird. Nur *Friesenhahn, Münch, Nawiasky, Mosler* und *Leibholz* haben sich bisher, soweit ersichtlich ist, gegen eine uneingeschränkte Befugnis des Parlaments zu schlichten Beschlüssen ausgesprochen. Bestimmte Gruppen solcher Beschlüsse sind nach ihrer Meinung in jedem Falle unzulässig.

Nach *Friesenhahn* „darf das Parlament nicht versuchen, durch Einzelweisungen[1] in die — laufende — Verwaltung einzugreifen". Es bleibt allerdings unklar, ob *Friesenhahn* hiermit jegliche Einflußnahme des Parlaments durch Beschlüsse auf die Verwaltung ausschließen oder wenigstens schlichte Parlamentsbeschlüsse zulassen will, mit denen der Exekutive ein konkretes Verhalten lediglich empfohlen wird, ohne daß sie rechtlich gebunden sein soll[2].

Münch zufolge sind „Aufforderungen" oder „Ersuchen" an den Bundeskanzler, dem Bundespräsidenten die Entlassung eines Bundesministers vorzuschlagen, sowie bloße Mißbilligungsanträge und -beschlüsse unvereinbar mit der Regelung des Art. 67 GG, wonach nur dem Bundeskanzler das Mißtrauen ausgesprochen werden kann[3].

In ähnlichem Sinne äußert sich *Nawiasky* für das bayerische Verfassungsrecht. Er sieht für Mißtrauens- und Mißbilligungsvoten „in der

---

[1] „Ohne verfassungsrechtliche Pflicht zur Befolgung", wie man dem Zusammenhang entnehmen muß; vgl. VVDStRL 16, 36 f Fußn. 70, 37 f.
[2] Ebenda.
[3] Bundesregierung, S. 178 ff, 187.

Verfassung keinerlei Stütze" und hält sie für „sinnwidrig", da sie „ohne jede rechtliche Konsequenz sind"[4].

Nach *Mosler* dürfen außenpolitische Entschließungen des Bundestages wohl einen „Appell an das Ausland — z. B. zur Entlassung von Kriegsgefangenen —", nicht aber „Vorschläge im einzelnen, Vertragsangebote oder Aufforderungen zu Verhandlungen" enthalten, es sei denn, der Bundestag handelt „im Einvernehmen mit der Bundesregierung"[5].

Zweifel an einem uneingeschränkten Beschlußrecht des Parlaments klingen weiterhin bei *Leibholz*[6] an, wenn er meint, das Parlament könne die Vertrauensfrage stellen, wenn die Regierung kontinuierlich seine Beschlüsse nicht befolgt, vorausgesetzt, daß *„solche überhaupt verfassungsmäßig zulässig"* sind[7].

B. Herrschende Meinung: Generelle Befugnis des Parlaments zu unverbindlichen Beschlüssen

Die herrschende Meinung im Schrifttum räumt dem Parlament generell die Befugnis ein, schlichte Beschlüsse jeder Art zu fassen. Sie verneint jedoch prinzipiell ihre Verbindlichkeit. Die Unverbindlichkeit der nicht gesetzlich geregelten schlichten Parlamentsbeschlüsse wird im einzelnen aus dem Gewaltenteilungsgrundsatz, dem Rechtsstaats- bzw. dem Gesetzmäßigkeitsprinzip, dem Grundsatz der Gleichrangigkeit von Parlament und Exekutive und schließlich aus der alleinigen Befugnis des Regierungschefs gefolgert, die Richtlinien der Politik zu bestimmen.

1. Gewaltenteilungsgrundsatz

Nach *Nawiasky*[8], *Ernst Kern*[9], *Merk*[10], *Grewe*[11], *Obermayer*[12], *Werner Gross*[13], *Bussler*[14] und *Walter Kratzer*[15] ist eine rechtliche Bindung der Exekutive durch schlichte Parlamentsbeschlüsse mit der im Gewaltenteilungsgrundsatz verankerten Trennung der staatlichen Funktionen unvereinbar.

---

[4] Verfassung, Systematischer Überblick über die Verfassung, S. 18.
[5] BilfingerF, S. 296.
[6] Strukturprobleme, S. 166 Fußn. 16/17.
[7] Hervorhebung vom Verfasser.
[8] ApeltF, S. 142 f, 146, 148.
[9] MDR 1950, 655, 657.
[10] VVDStRL 12, 232 f, und ZgesStW 114, 705, 707.
[11] VVDStRL 12, 259 f.
[12] VA, S. 65 Fußn. 191.
[13] DVBl. 1954, 323.
[14] Staatszeitung, S. 5.
[15] Dissertation, S. 37 f.

Auch *Scheuner*[16] und *Leibholz*[17] berufen sich im Grunde auf das Gewaltenteilungsprinzip, wenn sie die eigenständigen Befugnisse der Regierung hervorheben und Weisungen als einen unzulässigen Einbruch in ihre Kompetenzsphäre ansehen.

Von denselben Vorstellungen gehen ebenso *Maunz-Dürig* aus, wenn sie z. B. bei den Entscheidungen über die Durchführung des Bundeszwanges gemäß Art. 37 GG ein parlamentarisches Weisungsrecht ablehnen[18].

Mosler hält gleichfalls mit Rücksicht auf den Gewaltenteilungsgrundsatz schlichte Parlamentsbeschlüsse für unverbindlich. Denn er mißt außenpolitischen Resolutionen an die Bundesregierung und Forderungen nach bestimmten Maßnahmen „verfassungsrechtlich (lediglich) den Charakter eines Wunsches" bei, weil nach seiner Ansicht allein die Bundesregierung berechtigt ist, die Außenpolitik aktiv zu leiten und die Initiative zu ergreifen[19].

Nach *Friesenhahn* darf das Parlament zwar durch schlichte Beschlüsse auf die „Führung der Regierungsgeschäfte" und auf die Entscheidung von „Lebensfragen der Nation" Einfluß nehmen[20]. In diesen Fällen soll die Volksvertretung sogar befugt sein, „der Regierung durch Entschließungen Weisungen zu erteilen", die insoweit keine „Überschreitung des Funktionenbereichs" darstellen sollen. *Friesenhahn* ist jedoch der Ansicht, daß diese Weisungen „keine *verfassungsrechtliche*[21], justiziable Pflicht zur Befolgung durch die Regierung auslösen". Im Ergebnis lehnt also auch *Friesenhahn*, wenn er auf den „Funktionenbereich" des Parlaments Bezug nimmt, aus Gründen der Gewaltenteilung eine rechtliche Verbindlichkeit der schlichten Parlamentsbeschlüsse ab[22].

2. Rechtsstaats- bzw. Gesetzmäßigkeitsprinzip

Ernst Kern[23], *Bussler*[24], *Münch*[25], *Walter Kratzer*[26], das *Gutachten über die Staatsvereinfachung in Bayern*[27], *Lerche*[28] und *Friesenhahn*[29] be-

---

[16] SmendF I, S. 284 Fußn. 82.
[17] AaO, S. 163, 165, 166 Fußn. 16/17.
[18] Rdn. 45 zu Art. 37 GG.
[19] AaO, S. 288 f, 292, 294.
[20] AaO, S. 36, 67 f, 70.
[21] Hervorhebung vom Verfasser.
[22] Vgl. auch aaO, S. 149 f.
[23] AaO, S. 655, 657.
[24] AaO, S. 5.
[25] AaO, S. 187.
[26] AaO, S. 42.
[27] S. 49.
[28] In seiner zustimmenden Besprechung zu dem Urt. d. BVerwG v. 20. 1. 1961 (BVerwGE 12, 16), NJW 1961, 1758, 1760.
[29] AaO, S. 37 f.

gründen die Unverbindlichkeit schlichter Parlamentsbeschlüsse weiterhin mit dem Rechtsstaatsprinzip bzw. dem Prinzip der Gesetzmäßigkeit der Verwaltung als „einem seiner wesentlichen Elemente"[30]. Hiernach kann das Parlament die erstrebte Einflußnahme auf die Exekutive nur durch ein förmliches Gesetz erreichen, da allein ein Gesetz die Exekutive zu dem gewünschten Verhalten verpflichte.

3. Gleichrangigkeit von Parlament und Exekutive

Mehrfach ist im Schrifttum die Frage gestellt worden, ob die im parlamentarischen Regierungssystem wurzelnde Abhängigkeit der Regierung vom Parlament die Befugnis der Volksvertretung einschließt, der Regierung als der Spitze der Exekutive Weisungen zu erteilen. Die Auffassungen hierüber stimmen alle im Ergebnis überein. Nach einhelliger Ansicht ist trotz des parlamentarischen Regierungssystems die Exekutive mit der Regierung an ihrer Spitze eine gegenüber dem Parlament gleichrangige Gewalt mit einer verfassungsrechtlich garantierten Eigenverantwortlichkeit. Eine Verbindlichkeit schlichter Parlamentsbeschlüsse würde der Regierung mithin ihre „verfassungsmäßig verbriefte, selbständige Entscheidungs- und Leitungsgewalt nehmen"[31].

Im einzelnen führt *Nawiasky* hierzu aus, daß die mit der Verbindlichkeit der schlichten Parlamentsbeschlüsse eigenmächtig beanspruchte Überordnung der Legislative über die Exekutive der Legitimation entbehre. Er räumt jedoch ein, daß „der Grundsatz des parlamentarischen Regierungssystems in Ausnahmefällen gestattet, die Exekutive zu veranlassen, den Wünschen der Legislative Rechnung zu tragen und ihr so ihre Abhängigkeit von dem gesetzgebenden Körper zum Bewußtsein zu bringen"[32].

Leibholz sieht „den Sinn und die innere Berechtigung der Kautelen des parlamentarischen Regierungssystems" gerade darin, daß sie ein eigenschöpferisches und wirklich leitendes Handeln der Regierung voraussetzen[33].

Derselben Ansicht ist *Merk*[34]. Er meint, Weisungen des Parlaments kämen auch bei einer parlamentarischen Regierungsweise nicht in Betracht. Eine zielbewußte Regierung und eine verantwortliche Leitung der Staatsgeschäfte seien nicht möglich, wenn das vielköpfige und in sei-

---
[30] Maunz-Dürig, Rdn. 124 zu Art. 20 GG.
[31] Vgl. Leibholz, aaO, S. 163.
[32] ApeltF, S. 143 f und 146.
[33] AaO, S. 161, 163.
[34] ZgesStW 114, 705, 707.

nen Auffassungen oft vielspältige Parlament durch Weisungen in die Staatsleitung eingreifen könne.

Nach *Ernst Kern* stellt ein Weisungsrecht des Parlaments „die Exekutive als eine selbständige Verfassungsgewalt in Frage"[35].

Sternberger endlich glaubt, Entschließungen des Bundestages deshalb nicht als bindende Befehle ansehen zu können, weil nach seiner Ansicht das „moderne Parlament weithin als beratende und ratgebende Körperschaft wirkt, während es der Regierung eher zufällt, Entscheidungen zu treffen und zu handeln"[36].

4. Bestimmung der Richtlinien der Politik durch den Regierungschef

Gemäß Art. 65 GG ist es die Aufgabe des Bundeskanzlers, die Richtlinien der Politik zu bestimmen[37].

An diese Regelung knüpft *Grewe* an: Er führt aus, Resolutionen des Bundestages seien nichts Neues; sie könnten aber keine rechtlich verpflichtende Wirkung haben, und Art. 65 GG habe ihnen gegenüber den Vorrang[38].

Der gleichen Meinung ist *Hans Schneider*[39], ohne allerdings Art. 65 GG ausdrücklich zu nennen. Er hebt jedoch besonders hervor, daß die Beschlüsse „praktisch an den Bundeskanzler gerichtet" werden, und wendet sich dabei gegen *Eberhard Menzel*[40], der in konkretisierten Beschlüssen eine Einschränkung des durch Art. 65 GG gewährleisteten Rechts des Bundeskanzlers sieht und ihnen Weisungscharakter zuspricht.

Auch *Münch* stellt heraus, daß bei der Annahme eines Weisungsrechts des Parlaments „die Richtlinien der Regierungspolitik durch Parlamentsbeschlüsse festgelegt würden"[41].

Diese Ansicht scheint ebenso *Nawiasky* zu teilen, da er ohne kritische Stellungnahme berichtet, daß „die Regierungsvertreter (in Bayern) einer Bindung immer mit dem Hinweis auf die Verantwortlichkeit des Ministerpräsidenten für die Richtlinien der Politik entgegengetreten" seien[42].

---
[35] AaO, S. 656 f.
[36] Vierteljahresschrift, S. 35.
[37] Vgl. die entsprechende Regelung des Art. 47 Abs. 2 BayVerf.
[38] AaO, S. 259 f.
[39] VVDStRL 12, 248 f.
[40] VVDStRL 12, 195 f.
[41] VVDStRL 16, 135.
[42] ApeltF, S. 148.

C. Ansätze für die Bejahung einer Verbindlichkeit

Von der herrschenden Meinung abweichende Ansichten finden sich bei *Eberhard Menzel, Friesenhahn* und *Ipsen*. Sie sprechen ausdrücklich bestimmten schlichten Parlamentsbeschlüssen rechtlich verpflichtende Wirkung für die Exekutive zu.

Nach *Menzel*[43] stellen die Entschließungen des Bundestages zu „hochpolitischen Fragen" im Bereich der auswärtigen Politik[44] Entscheidungen dar, „deren Ausführung die Bundesregierung zu übernehmen hat". *Menzel* läßt sich hierbei von der Überlegung leiten, daß die auswärtige Gewalt „eine kombinierte Gewalt" sei und „zwei Funktionsträger", nämlich das Parlament und die Regierung, habe.

Friesenhahn[45] nimmt *Heckels* These[46] auf, nach der die Exekutive allein auf Grund eines schlichten Parlamentsbeschlusses verpflichtet sein kann, bestimmte politisch wichtige Haushaltsposten auszuführen; er läßt also für das Haushaltsrecht parlamentarische Weisungen zu, die die Regierung zu vollziehen hat.

Ipsen[47] endlich führt im Hinblick auf staatliche Subventionierungen aus, daß sich schlichte Parlamentsbeschlüsse zu parlamentarischen Willensäußerungen verdichten können, „denen im Sinne eines Bewilligungsvollzuges zu entsprechen, die Regierung rechtlich verpflichtet" und damit auch ermächtigt sei, „sofern die fragliche Ausgabe etatrechtlich vorgenommen werden" könne[48].

II. Rechtsprechung

Die Verfassungsgerichtsbarkeit und die Verwaltungsgerichte haben schon mehrfach Gelegenheit gehabt, sich zu der rechtlichen Beurteilung der nicht gesetzlich geregelten schlichten Parlamentsbeschlüsse zu äußern.

Der *Bayerische Verfassungsgerichtshof* hält offenbar derartige Willensäußerungen in jedem Falle für rechtmäßig[49]. Das Gericht hatte sich mit einem Beschluß des Bayerischen Landtages an die Staatsregierung[50]

---
[43] AaO, S. 195 f, 219 (Leitsatz A 2), 194 und 197.
[44] Er nennt als Beispiele die Beschlüsse des Bundestages zur Saarpolitik und Wiedervereinigung Deutschlands.
[45] AaO, S. 36 f Fußn. 70, 70 (Leitsatz II 2).
[46] HDStR II, 406 f Fußn. 76.
[47] Subventionierung, S. 41 f.
[48] A. A. Jesch, Gesetz, S. 223, 227, und Bellstedt, DÖV 1961, 171; sie lehnen eine derartige Bindung bzw. Ermächtigung anstelle eines förmlichen Gesetzes ausdrücklich ab.
[49] Urt. v. 30. 9. 1959 — BayVGHE nF 12, II, 119 (122 f, 125 f).
[50] StenBer d. 1. Wahlp. — Beil. 3816.

zu befassen, der die Verwendung und Verteilung der im Haushaltsplan für den sozialen Wohnungs- und Siedlungsbau vorgesehenen Mittel betraf. Dieser Beschluß ist nach der Meinung des Gerichts für die Staatsregierung freilich nicht rechtlich verbindlich gewesen, da die Ausführung des Haushaltsgesetzes den zuständigen Behörden der vollziehenden Gewalt obliege. Der Verfassungsgerichtshof hat in diesem Zusammenhang im einzelnen ausgeführt: Der Landtag sei nicht befugt, wenn ihm die Verfassung nicht eine besondere Zuständigkeit einräume, den Organen und Behörden der vollziehenden Gewalt bindende Weisungen zu erteilen. Eine solche Ermächtigung lasse sich auch nicht aus Art. 44 Abs. 3 BayVerf ableiten. Das in dieser Bestimmung verankerte parlamentarische Regierungssystem bewirke zwar eine „gewisse Abhängigkeit" der Staatsregierung vom Landtag. Die Regelung des Art. 44 Abs. 3 BayVerf begründe jedoch nicht eine rechtliche Verpflichtung für die Staatsregierung, „den Bereich der Exekutive berührende Beschlüsse des Landtags" auszuführen.

Das *Bundesverwaltungsgericht* hatte die Frage zu entscheiden, wieweit ein Bundesminister beim Erlaß einer Rechtsverordnung in Ausführung eines Gesetzes an Entschließungen des Bundstages gebunden ist[51]. Von den beiden Entschließungen, die Gegenstand des Rechtsstreits gewesen sind, war die eine *bei* und die andere *nach* Verabschiedung des den Bundesminister ermächtigenden Gesetzes gefaßt worden. In dem Urteil wird der zweite Beschluß deshalb für nicht verbindlich erklärt, „weil der Bundestag nicht die Form eines *Gesetzes*[52] gewählt" habe. Andererseits kann nach der Ansicht des Gerichts auf Grund der *bei* Verabschiedung des Gesetzes gefaßten Entschließung „als Inhalt des Gesetzesbefehls festgestellt werden", daß der Bundesminister die Rechtsverordnung mit einem ganz bestimmten Inhalt zu erlassen hatte.

Zwei weitere Entscheidungen des *Bundesverwaltungsgerichts*[53] erörtern das Problem, ob schlichte Parlamentsbeschlüsse die Exekutive zu Subventionierungen ermächtigen können. Das Gericht hat in der ersten der beiden Entscheidungen zunächst nur „neben dem förmlichen Gesetz auch *jede andere parlamentarische Willensäußerung*[54], insbesondere etwa die etatmäßige Bereitstellung der zur Subventionierung erforderlichen Mittel, als eine hinreichende Legitimation verwaltungsmäßigen Handelns" erwogen[55]. In der zweiten Entscheidung hat es dann ausdrücklich einen schlichten Parlamentsbeschluß als Ermächtigungsgrundlage für Subventionsmaßnahmen gelten lassen.

---
[51] Urt. v. 20. 1. 1961 — BVerwGE 12, 16.
[52] Hervorhebung vom Verfasser.
[53] Entscheidungen v. 21. 3. und 19. 12. 1958 — BVerwGE 6, 282 und DÖV 1959, 708.
[54] Hervorhebung vom Verfasser.
[55] AaO, S. 287.

Das *OVG Münster* hat ebenso wie das Bundesverwaltungsgericht einen Beschluß des Bundestages wegen fehlender Gesetzesform als für die Bundesregierung unverbindlich angesehen[56]. Es hat dabei ferner ausgeführt, daß sich aus einem einfachen Beschluß keine Rechtsansprüche für den einzelnen herleiten ließen.

Nach Ansicht des *VGH Kassel* kann in einem schlichten Parlamentsbeschluß keine Leistungsermächtigung für die Verwaltung gesehen werden. Das Gericht hat seine Meinung damit begründet, ein schlichter Parlamentsbeschluß könne rechtsdogmatisch nicht denselben Rang im Sinne des Art. 20 Abs. 3 GG beanspruchen wie ein formelles Gesetz und keine unmittelbare Rechtsverbindlichkeit gegenüber der Exekutive erlangen[57].

III. Praxis der Parlamente

Die rechtliche Behandlung der nicht gesetzlich geregelten schlichten Parlamentsbeschlüsse ist schließlich schon wiederholt Gegenstand parlamentarischer Debatten gewesen. Die Rechtmäßigkeit des vom Parlament in Anspruch genommenen Beschlußrechts ist hierbei nie bezweifelt worden.

Uneinigkeit herrschte indes auch unter den Abgeordneten hinsichtlich der Frage, ob die schlichten Parlamentsbeschlüsse für die Exekutive rechtlich bindend sind oder nicht. *Grewe* irrt sich deshalb, wenn er behauptet hat, es gelte im Parlament als selbstverständlich, „daß man durch Resolutionen bindende Richtlinien festlegen und jeweils der Exekutive im Einzelfall bindende Weisungen erteilen könne"[58]. Der Abgeordnete *Carlo Schmid* hat zwar einmal im Bundestag in einer Debatte unter Berufung auf die parlamentarische Demokratie und die Verantwortlichkeit der Regierung gegenüber dem Parlament ausgeführt, die Exekutive habe vom Parlament ordnungsgemäß gefaßte Beschlüsse auszuführen oder der Minister müsse zurücktreten, wenn er „einen solchen Beschluß nicht verantworten könne"[59]. Der Abgeordnete *v. Merkatz* hat ihm jedoch widersprochen und darauf hingewiesen, daß nur „Beschlüsse in Gesetzesform" für eine Regierung bindend seien[60]. Ebenso hat der Abgeordnete *Adolf Arndt* bei einer anderen Gelegenheit betont, „man sei sich einig, daß das Parlament gegenüber der Verwaltung kein Weisungsrecht habe, bzw. nur in Gesetzesform Weisungen erteilen könne"[61].

---

[56] Urt. v. 30. 10. 1961 — DVBl. 1962, 139.
[57] Urt. v. 29. 11. 1962 — VerwRspr 15, 918 (933).
[58] VVDStRL 12, 138.
[59] StenBer d. 1. Wahlp., S. 3031 und 3038.
[60] StenBer d. 1. Wahlp., S. 3036.
[61] StenBer d. 1. Wahlp., S. 1501.

III. Praxis der Parlamente 31

Auch im Bayerischen Landtag ist mehrfach die Meinung vertreten worden, die Regierung habe alle vom Landtag gefaßten einfachen Beschlüsse zu vollziehen[62]; dabei hat man sich auf Art. 55 Nr. 2 Satz 1 BayVerf berufen, wonach es der Staatsregierung und den einzelnen Staatsministerien obliegt, die Beschlüsse des Landtages zu vollziehen[63].

IV. Einhelligkeit der Meinungen hinsichtlich der politischen Bedeutung schlichter Parlamentsbeschlüsse

Schrifttum und Rechtsprechung heben übereinstimmend hervor, daß den schlichten Parlamentsbeschlüssen eine politische Bedeutung zukomme. Namentlich die Vertreter der herrschenden Meinung stellen besonders heraus, daß die schlichten Parlamentsbeschlüsse zwar rechtlich unverbindlich, wohl aber politisch relevant seien.

Der *Bayerische Verfassungsgerichtshof* nennt z. B. Landtagsbeschlüsse „politisch als Manifestation des politischen Willens des Parlaments für die Staatsregierung bedeutsam"[64].

Bachof mißt schlichten Parlamentsbeschlüssen ein „— unter Umständen sehr erhebliches — politisches Gewicht" bei[65]. *Grewe* zufolge sind sie ein „politisches Faktum"; sie können eine „moralische Bindung bewirken"[66]. *Friesenhahn* schließlich spricht bei bestimmten Beschlüssen von

---

[62] Vgl. die Debatten in den Sitzungen vom 7. 2. und 3. 4. 1952 (StenBer d. 2. Wahlp., II. Tagung 1951/1952, S. 1431 ff und S. 1890 ff); der zu dieser Zeit amtierende Ministerpräsident Ehard hat demgegenüber zumindest Beschwerde- und Eingabenüberweisungen des Landtages an die Staatsregierung von einer solchen Vollzugspflicht der Staatsregierung ausnehmen wollen (ebenda).
[63] Schrifttum und Rechtsprechung — vgl. Schweiger in Nawiasky, Verfassung, Rdn. 4 zu Art. 55 BayVerf; Nawiasky, ApeltF, S. 139 f, 148; Bussler, Staatszeitung, S. 5; BayVGHE nF 12, II, 119 (126) — lehnen eine Vollzugspflicht der Staatsregierung auf Grund des Art. 55 Nr. 2 Satz 1 BayVerf ab. Dabei geht man vor allem von folgenden Überlegungen aus: Wenn Art. 55 BayVerf eine allgemeine Vollzugspflicht der Staatsregierung begründe, würde es sich bei ihm um eine Generalklausel handeln, die alle übrigen ausdrücklichen Zuständigkeiten des Landtages zu für die Landesregierung verbindlichen Beschlüssen überflüssig werden ließe. Außerdem würde der in Art. 5 BayVerf verankerte Gewaltenteilungsgrundsatz und die Regelung des Art. 43 Abs. 1 BayVerf illusorisch, wonach die Staatsregierung die oberste leitende und vollziehende Behörde des Staates ist. Schließlich spreche die systematische Stellung des Art. 55 BayVerf dagegen, daß durch diese Norm dem Landtag eine solche unbeschränkte Kompetenz eingeräumt werden solle. Denn Art. 55 BayVerf stehe im 4. Abschnitt der Verfassung, der die Überschrift „Die Staatsregierung" trage und die grundlegenden Bestimmungen über die Rechtsstellung sowie die Kompetenzen der Staatsregierung enthalte; insbesondere Art. 55 BayVerf regele die Geschäftsführung der Staatsregierung.
[64] Vgl. BayVGHE nF 12, II, 119 (122).
[65] JZ 1962, 355.
[66] AaO, S. 259 f.

einer „politischen Pflicht" für die Regierung, den Willen des Parlaments zu befolgen[67].

Was jedoch unter dem „politischen Gewicht", einer „moralischen Bindung", einer „politischen Pflicht" oder schlechthin unter „politischer Bedeutung" im einzelnen zu verstehen ist, wird in der Regel nicht näher erläutert. Lediglich der mitunter zu findende Hinweis auf die Möglichkeit eines parlamentarischen Mißtrauensvotums für den Fall, daß sich die Exekutive über den erklärten Willen des Parlaments hinwegsetzt[68], deutet an, worin das „Politische" der schlichten Parlamentsbeschlüsse gesehen werden soll. Mit dem Begriff des Politischen verbindet sich hiernach die Vorstellung des Ringens um die Macht im Staat und der Durchsetzung der Intentionen des Parlaments gegenüber denen der Exekutive[69].

---

[67] AaO, S. 36 Fußn. 70, 149 f.
[68] Vgl. Scheuner, aaO, S. 284 Fußn. 82; Bussler, aaO, S. 5; Nawiasky, ApeltF, S. 146; Leibholz, aaO, S. 166 Fußn. 16/17; Friesenhahn, aaO, S. 70; Hans Schneider, aaO, S. 248.
[69] Vgl. Scheuner, SmendF II, S. 259 f.

Zweiter Teil

Rechtmäßigkeit und Wirkungen schlichter Parlamentsbeschlüsse

Erstes Kapitel

Die rechtliche Problematik und das Politische der schlichten Parlamentsbeschlüsse

I. Plan zur Lösung der Rechtsfragen

Die Frage nach der Rechtmäßigkeit schlichter Parlamentsbeschlüsse ist ein rechtliches Problem. Rechtsfragen sind es auch, ob schlichte Parlamentsbeschlüsse für die Exekutive verbindlich sind und welche rechtlichen Wirkungen und Folgen eintreten, wenn die Exekutive schlichte Beschlüsse des Parlaments nicht beachtet. Rechtliche Probleme und Rechtsfragen können aber nur anhand von Rechtsnormen gelöst und beantwortet werden. Die Aufgabe dieser Untersuchung muß deshalb darin bestehen, auch für die nicht gesetzlich geregelten schlichten Parlamentsbeschlüsse bestimmte Rechtssätze zu finden. Diese können jedoch wiederum nur aus schon gegebenen Rechtsnormen gewonnen werden[1]. Da die rechtliche Problemstellung das Verhältnis des Parlaments zur Exekutive betrifft, ist mithin von solchen Rechtsnormen auszugehen, die die Beziehungen zwischen dem Parlament und der Exekutive regeln.

Die Beziehungen zwischen dem Parlament und der Exekutive werden durch die Verfassung im materiellen Sinne bestimmt. Verfassung in diesem Sinne ist die Gesamtheit der Regeln über die Leitung des Staates, über die Bildung, Aufgaben und Zuständigkeiten der obersten Staatsorgane, über die grundlegenden Staatseinrichtungen und über die Stellung des Bürgers im Staate[2]. Der materielle Verfassungsbegriff wird hier dem formellen als dem anderen der beiden zur Wahl stehenden normativen Verfassungsbegriffe[3] vorgezogen. Seine Verwendung er-

---

[1] Vgl. Jesch, Gesetz, S. 55.
[2] Vgl. hierzu Bachof, Verfassungswidrige Verfassungsnormen, S. 25 f. Siehe außerdem zum materiellen Verfassungsbegriff Georg Jellinek, Staatslehre, S. 505, und Maunz, Staatsrecht, S. 37.
[3] Vgl. Jesch, aaO, S. 68 mit Nachweisen zu den verschiedenen Verfassungsbegriffen.

möglicht es, neben den mehr oder weniger vollständig in die Verfassungsurkunde aufgenommenen Verfassungsnormen auch ungeschriebene Verfassungsrechtssätze zu berücksichtigen[4].

Die herrschende Meinung leitet die Rechtsregeln für die schlichten Parlamentsbeschlüsse aus einzelnen Verfassungsprinzipien ab. Sie folgert beispielsweise das eine Mal die generelle Unverbindlichkeit der schlichten Beschlüsse lediglich aus dem Grundsatz der Teilung der Gewalten, das andere Mal allein aus dem Grundsatz der Gesetzmäßigkeit der Verwaltung. Eine solche Methode ist aus verschiedenen Gründen abzulehnen.

Die von der herrschenden Meinung herangezogenen *Verfassungsprinzipien* sind voneinander abhängig. Ihr Sinn und Inhalt ergeben sich erst aus ihrem systematischen Zusammenhang mit den übrigen Normen der gesamten Verfassung[5]. Ein Lösungsversuch, der von einer isolierten Betrachtung und Auslegung einzelner Verfassungsgrundsätze ausgeht, kann daher nicht befriedigen. Er berücksichtigt vor allem nicht, daß sich aus einem Verfassungsprinzip für sich allein genommen unter Umständen deshalb keine Rechtsregeln für die schlichten Parlamentsbeschlüsse gewinnen lassen, weil ein anderes Verfassungsprinzip oder eine spezielle verfassungsrechtliche Regelung im jeweiligen Einzelfall zu gegenteiligen Folgerungen zwingt. Das zeigt sich insbesondere dann, wenn man an die unterschiedliche Verteilung der Kompetenzen und Befugnisse zwischen dem Parlament und der Exekutive in den einzelnen staatlichen Tätigkeitsbereichen denkt, auf die sich ein schlichter Parlamentsbeschluß bezieht. Dabei werden unter *staatlichen Tätigkeitsbereichen* die speziellen Bereiche staatlicher Entscheidungen und Maßnahmen verstanden, die sich ihrem Wesen nach und von der Sache her zu einer Einheit zusammenfassen lassen. Die jeweilige Kompetenzverteilung kann hier als eine Sonderregelung zu einer Abweichung von den aus den allgemeinen Verfassungsprinzipien abgeleiteten Regeln nötigen[6].

---

[4] Vgl. hierzu auch Jesch, aaO, S. 68 f. Ein Festhalten an der Unterscheidung zwischen Verfassung im formellen und materiellen Sinn ist trotz des Kodifikationsgebotes des Art. 79 Abs. 1 GG gerechtfertigt und sinnvoll, da diese Vorschrift das Bestehen ungeschriebenen Verfassungsrechts und auch das Entstehen von zum ungeschriebenen Verfassungsrecht gehörenden Verfassungsgewohnheitsrecht (vgl. v. Mangoldt-Klein, Anm. VI 4 e zu Art. 20 GG, die zur verfassungsmäßigen Ordnung im Sinne von Art. 20 Abs. 3 GG nicht nur das Grundgesetz mit allen seinen Vorschriften, sondern z. B. auch „das sich etwa bildende Verfassungsgewohnheitsrecht" rechnen.) grundsätzlich nicht ausschließt (vgl. Bachof, aaO, S. 44); zur Geltung ungeschriebener Normen des Verfassungsrechts neben der „geschriebenen Verfassung" siehe ebenfalls Kägi, Verfassung, S. 80 f.

[5] Vgl. Jesch, aaO, S. 66.

[6] Ähnlich Jesch, ebenda, für die Gewinnung eines „neuen" Gesetzmäßigkeitsprinzips.

1. Kapitel: Rechtliche Problematik und politischer Aspekt 35

Die Rechtsregeln für die nicht gesetzlich normierten schlichten Parlamentsbeschlüsse sind deshalb systematisch-deduktiv aus dem *Gesamtzusammenhang* der — von der herrschenden Meinung einzeln angewandten — Verfassungsprinzipien und der für den jeweils in Frage kommenden staatlichen Tätigkeitsbereich geltenden Verfassungsrechtssätze unter Berücksichtigung ihrer gegenseitigen Abhängigkeit zu gewinnen[7].

II. Der politische Aspekt der schlichten Parlamentsbeschlüsse

Der Begriff des Politischen ist vieldeutig. Er bedarf deshalb zunächst einer Bestimmung, ehe zu dem politischen Aspekt und insbesondere zu der von der herrschenden Meinung hervorgehobenen politischen Bedeutung schlichter Parlamentsbeschlüsse Stellung genommen werden kann.

Politisch ist alles das, was sich auf den Staat als tätige Macht bezieht. Das Charakteristische des Politischen ist das handelnde Eintreten für den Staat und seine Angelegenheiten, das Ringen um die Macht und deren Handhabung. Zum Politischen gehören die schöpferische Entscheidung und die Auseinandersetzung über die den Staat als Ganzes berührenden Ziele[8].

Das Politische ist hiernach kein Bereich einer bestimmten Hoheitstätigkeit[9]. Es ist keine Sachkategorie[10], die etwa selbständig gleichsam neben dem Recht besteht. Das Politische ist vielmehr — das ist heute unstreitig — allumfassend; es vermag allen staatlichen Handlungen sein Gepräge zu geben, kann aber kein juristisch verwertbares Kriterium zur Lösung von Rechtsfragen liefern[11]. Es kann jede staatliche Entscheidung und Willensäußerung durchdringen und „färben"[12]. Das bedeutet jedoch nicht, daß ein auf diese Weise „infizierter"[13] staatlicher Akt damit einer rechtlichen Beurteilung entrückt wäre. Hoheitliche Handlungen politischer Natur sind jedenfalls nicht von vornherein dem Recht wesensmäßig entgegengesetzt oder entzogen[14].

Geht auch die herrschende Meinung von dieser Begriffsbestimmung und Charakterisierung des Politischen aus, so kann ihr unbedenklich zugestimmt werden. Das Parlament tritt handelnd für den Staat ein, wenn es in einem Beschluß der Exekutive gegenüber seinen Willen äußert. Ein schlichter Parlamentsbeschluß enthält nicht selten eine Auseinanderset-

---
[7] Vgl. hierzu Jesch, aaO, S. 64, und Maunz, aaO, S. 50 f.
[8] Vgl. hierzu ausführlich Scheuner, SmendF I, S. 272, und SmendF II, S. 259 f.
[9] Vgl. Ipsen, Politik, S. 239 und passim.
[10] Ipsen, aaO, S. 169 und passim.
[11] Vgl. Ipsen, aaO, S. 169, 239 f, und Obermayer, VA, S. 97.
[12] Ipsen, ebenda.
[13] Ipsen, ebenda.
[14] Obermayer, ebenda, im Anschluß an Scheuner, SmendF I, S. 295.

zung mit einer von der Exekutive verfochtenen Ansicht und eine schöpferische Entscheidung über den Staat als Ganzes angehende Fragen. Man denke nur an die Beschlüsse zur Wiedervereinigung Deutschlands in Freiheit mit friedlichen Mitteln und zum Beitritt zu einem Europäischen Bundespakt.

Die herrschende Meinung scheint sich aber darüber hinaus weithin von der Vorstellung leiten zu lassen, daß die Betonung der politischen Bedeutung eine rechtliche Würdigung der schlichten Parlamentsbeschlüsse erübrige. Hierin kann man ihr, wenn man sich das Wesen des Politischen vergegenwärtigt, jedoch nicht mehr folgen. Der politische Gehalt der parlamentarischen Willensäußerungen schließt ihre rechtliche Regelung nicht aus; vor allem löst ein Hinweis auf die politische Seite der schlichten Parlamentsbeschlüsse nicht die Rechtsfragen, die von solchen Beschlüssen aufgeworfen werden. Selbst wenn man davon ausgeht, daß die Beschlüsse für die Exekutive unverbindlich sind und lediglich politische Bedeutung haben, ist damit die rechtliche Frage nach der Befugnis des Parlaments zu derartigen Willensäußerungen nicht beantwortet.

Schließlich kann man auch nicht, wie es die herrschende Meinung gelegentlich tut, in der Möglichkeit eines Mißtrauensvotums eine besondere „politische Wirkung" der schlichten Parlamentsbeschlüsse erblicken[15]. Mit dem Hinweis auf die Möglichkeit eines Mißtrauensvotums wird kein nur den schlichten Parlamentsbeschlüssen eigenes Merkmal angesprochen. Die Regierung muß immer mit einem parlamentarischen Mißtrauensvotum rechnen; es schwebt über ihr bei allen ihren Handlungen. Nicht nur das Nichtbefolgen eines schlichten Parlamentsbeschlusses kann ein Mißtrauensvotum auslösen. Auch die Nichtbeachtung eines in Gesetzesform geäußerten Willens des Parlaments oder eine allgemeine Unzufriedenheit mit der Regierung kann ein solches Votum zur Folge haben.

Die Betonung der Wirkungen eines nicht gesetzlich geregelten schlichten Parlamentsbeschlusses als politische führt hiernach zu keinen besonderen rechtlichen Erkenntnissen. Im übrigen aber sollte man es überhaupt vermeiden, von „politischen" Wirkungen eines schlichten Parlamentsbeschlusses zu sprechen. Eine solche Ausdrucksweise kann zu leicht dahin mißverstanden werden, als ob es in Abweichung von der sonst gebräuchlichen Unterscheidung von rechtlichen und tatsächlichen Wirkungen eines staatlichen Aktes bei den schlichten Parlamentsbeschlüssen noch eine dritte Art von Wirkungen gäbe. Der Hinweis der

---

[15] Friesenhahn spricht in diesem Zusammenhang sogar von einer (nicht verfassungsrechtlichen) „politischen Pflicht" der Regierung zur Befolgung bestimmter schlichter Parlamentsbeschlüsse (vgl. oben S. 25 und S. 31 f) . Man wird dies dahingehend zu verstehen haben, daß die Regierung wegen der Gefahr eines parlamentarischen Mißtrauensvotums faktisch nicht umhin kann, bestimmten schlichten Parlamentsbeschlüssen nachzukommen.

herrschenden Meinung auf ein mögliches Mißtrauensvotum läßt jedoch erkennen, daß auch sie unter den politischen Wirkungen eines schlichten Parlamentsbeschlusses lediglich solche versteht, die nicht unmittelbar kraft verfassungsrechtlicher Vorschriften eintreten. Die herrschende Meinung verbleibt also ebenfalls bei dem für die Unterscheidung zwischen den rechtlichen und tatsächlichen Wirkungen eines staatlichen Aktes üblichen Kriterium, ob die Folgen eines Hoheitsaktes sich unmittelbar auf Grund einer normativen Regelung ergeben oder nicht. Auch sie meint daher, wenn sie von den „politischen" Wirkungen der Nichtbeachtung eines schlichten Parlamentsbeschlusses durch die Exekutive spricht, praktisch nichts anderes als die *tatsächlichen* Wirkungen. Um der terminologischen Klarheit willen sollte man sie deshalb besser von vornherein auch als solche bezeichnen.

Zweites Kapitel

Allgemeine Einteilung der schlichten Parlamentsbeschlüsse und allgemeine Grundregeln

I. Einteilung der schlichten Parlamentsbeschlüsse in verbindlich bzw. unverbindlich gewollte und in objektiv verbindliche bzw. unverbindliche Beschlüsse

Die schlichten Parlamentsbeschlüsse lassen sich, wenn man es auf ihre rechtlichen Wirkungen für die Exekutive abstellt, einteilen in Beschlüsse, die nach dem Willen des Parlaments verbindlich oder unverbindlich sein sollen, und in solche, die nach der Verfassung verbindlich oder unverbindlich sind. Danach ist zwischen vom Parlament verbindlich oder unverbindlich gewollten und zwischen objektiv verbindlichen oder unverbindlichen schlichten Beschlüssen zu unterscheiden. Im einzelnen besagt dies folgendes:

Die Einteilung in verbindlich und unverbindlich gewollte Beschlüsse geht davon aus, welche Rechtswirkungen für die Exekutive jeweils das Parlament erstrebt und seinen Beschlüssen beilegt; sie bestimmt sich mithin nach der Willensrichtung des Parlaments. Die Einteilung in objektiv verbindliche und unverbindliche Beschlüsse stellt hingegen darauf ab, welche rechtlichen Wirkungen die schlichten Parlamentsbeschlüsse auf Grund der aus der Verfassung zu gewinnenden Rechtsregeln zu entfalten vermögen.

Die *verbindlich gewollten* Beschlüsse sollen das Handeln der Exekutive grundsätzlich in der vom Parlament konkretisierten Richtung festlegen. Sie sind in „Weisungen" und „Richtlinien" zu untergliedern. Die *Weisung* soll die Exekutive unmittelbar zu einem vom Parlament bestimmten Verhalten in einem konkreten Einzelfall oder für eine Vielzahl von Fällen veranlassen. Weisungen sind beispielsweise Beschlüsse, mit denen das Parlament der Exekutive den Erlaß eines einzelnen Verwaltungsaktes oder die Nichtanwendung einer Gesetzesvorschrift gegenüber einem unbegrenzten Betroffenenkreis vorschreiben will. Die *Richtlinie* soll hingegen lediglich den Rahmen angeben, innerhalb dessen die Exekutive ihre Entscheidungen zu fällen und ihre Hoheitsakte zu erlassen hat. Es soll Sache der Exekutive bleiben, diesen Rahmen im einzelnen durch ein dem Willen des Parlaments entsprechendes Tun oder

2. Kapitel: Einteilung der Beschlüsse und allgemeine Grundregeln

Unterlassen auszufüllen. Eine Richtlinie ist z. B. ein verbindlich gewollter Beschluß, in dem das Parlament die Entscheidung für den Eintritt in ein übernationales Bündnissystem trifft.

Die *unverbindlich gewollten* Beschlüsse stellen im Gegensatz zu den verbindlich gewollten die letzte Entscheidung der Exekutive anheim; sie sollen der Exekutive ihre volle Handlungs- und Entschlußfreiheit belassen. Dabei können zwei Arten von unverbindlich gewollten Parlamentsbeschlüssen unterschieden werden: die „Empfehlung" und die „Stellungnahme". Die *Empfehlung* soll die Exekutive zu einem im einzelnen vom Parlament umschriebenen Tun oder Unterlassen anregen. Sie kann konkrete Angaben darüber enthalten, wie sich das Parlament die von der Exekutive zu fällende Entscheidung vorstellt und was es in dieser Hinsicht für wünschenswert hält. Das Parlament will mit einer Empfehlung zwar aktiv gestaltend tätig werden, es aber letztlich stets der Exekutive überlassen, ob und in welcher Weise diese seinem Begehren nachkommt. So kann eine Empfehlung sich z. B. auf den Erlaß eines einzelnen Verwaltungsaktes, auf die Anwendung einer Gesetzesvorschrift gegenüber einem unbegrenzten Betroffenenkreis oder auf den Abschluß eines Vertrages mit einem auswärtigen Staat beziehen. Die *Stellungnahme* besteht demgegenüber lediglich in einer bloßen Meinungsäußerung des Parlaments. Sie soll die Exekutive nicht zu einem bestimmten Verhalten veranlassen. Stellungnahmen des Parlaments sind beispielsweise die Mißbilligung einer von einem Minister abgegebenen Erklärung oder die Billigung einer konkreten Maßnahme der Exekutive.

Objektiv verbindlich sind schlichte Parlamentsbeschlüsse dann, wenn eine in der Verfassung enthaltene oder aus ihr zu gewinnende Rechtsregel festlegt, daß die Exekutive dem in dem Beschluß zum Ausdruck gebrachten Verpflichtungswillen des Parlaments Folge zu leisten hat und insoweit gebunden sein soll. Eine solche Rechtsregel besagt also zweierlei: Sie räumt einmal dem Parlament die Befugnis ein, die Exekutive durch einen verbindlich gewollten Beschluß zu einem konkreten Verhalten zu veranlassen; zum anderen bestimmt sie, daß die Exekutive zu einer Beachtung dieses Bindungswillens des Parlaments verpflichtet ist. Die Übereinstimmung des in einem verbindlich gewollten Beschluß manifestierten Verpflichtungswillens des Parlaments mit der durch die Verfassung festgelegten Bindung hat die rechtliche Wirksamkeit des betreffenden Beschlusses zur Folge. Findet dagegen der Bindungswille des Parlaments in der Verfassung keine entsprechende Stütze, so ist der verbindlich gewollte Parlamentsbeschluß unwirksam.

Objektiv unverbindliche Beschlüsse sind schließlich die Beschlüsse, die zu befolgen die Exekutive nach der Verfassung nicht verpflichtet ist. Derartige Beschlüsse können der Exekutive ein vom Parlament im einzelnen mehr oder weniger umrissenes Tun oder Unterlassen nur anheimstellen oder lediglich eine bloße Meinungsäußerung des Parlaments, etwa eine Mißbilligung oder Billigung, zum Ausdruck bringen. Von dem Parlament in solchen Fällen trotzdem als verbindlich gewollt gefaßte Beschlüsse sind als objektiv unverbindlich und als rechtlich unwirksam anzusehen.

Wenn im folgenden der Einfachheit halber lediglich von verbindlichen bzw. unverbindlichen schlichten Parlamentsbeschlüssen die Rede ist, sind damit nur die objektiv verbindlichen bzw. die objektiv unverbindlichen Beschlüsse gemeint.

II. Einteilung der schlichten Parlamentsbeschlüsse nach staatlichen Tätigkeitsbereichen

Die Entscheidungen und Maßnahmen des Staates, auf die sich ein schlichter Parlamentsbeschluß beziehen kann, lassen sich jeweils einem bestimmten staatlichen Tätigkeitsbereich[1] zuordnen. Die schlichten Parlamentsbeschlüsse können daher auch von ihrem Inhalt her eingeteilt und nach den verschiedenen staatlichen Tätigkeitsbereichen unterschieden werden, die sie zum Gegenstand haben.

Im einzelnen kommen hierbei in Betracht die Bereiche der *Grundentscheidungen des Staates*, der Angelegenheiten mit außerstaatlichen Wirkungen (*auswärtige Angelegenheiten*), der Handlungen und Akte mit innerstaatlichen Wirkungen (*innere Angelegenheiten*) sowie — bei Beschlüssen der Landesparlamente — ein Bereich, den die von den Mitgliedern der Landesregierung *im Bundesrat zu treffenden Entscheidungen* bilden. Der Bereich der inneren Angelegenheiten setzt sich zusammen aus einem Regierungs- und einem Verwaltungsbereich. Der Regierungs- und der Verwaltungsbereich fassen jeweils eine Reihe von einzelnen staatlichen Tätigkeitsbereichen zusammen, die voneinander abzugrenzen sind[2].

Ein schlichter Parlamentsbeschluß, der die Regierung beispielsweise zum Abschluß eines Vertrages mit einem auswärtigen Staat veranlassen soll, ist danach zum Bereich der auswärtigen Angelegenheiten zu rechnen. Schlichte Parlamentsbeschlüsse etwa zum Gesetzesvollzug durch Einzelakte gehören in den Bereich der inneren Angelegenheiten, und zwar in den Verwaltungsbereich. Ein Beschluß, mit dem ein Landesparlament die Landesregierung z. B. anregen will, im Bundesrat einer Verordnung die Zustimmung zu erteilen, ist dem Bereich zuzuordnen, der aus den Entscheidungen besteht, die von den Mitgliedern der Landesregierung im Bundesrat zu treffen sind.

---

[1] Zum Begriff „Staatlicher Tätigkeitsbereich" siehe oben S. 34.
[2] Näheres hierüber siehe unten S. 82 ff und 105.

2. Kapitel: Einteilung der Beschlüsse und allgemeine Grundregeln 41

Eine Einteilung der schlichten Parlamentsbeschlüsse nach ihrem Inhalt, verbunden mit einer Einordnung in die verschiedenen staatlichen Tätigkeitsbereiche, ist notwendig, um die Rechtsregeln für die nicht gesetzlich normierten schlichten Parlamentsbeschlüsse systematisch-deduktiv aus dem Gesamtzusammenhang der (von der herrschenden Meinung einzeln angewandten) Verfassungsprinzipien und der für den jeweiligen staatlichen Tätigkeitsbereich geltenden Verfassungsrechtssätze gewinnen zu können[3]; sie ermöglicht es erst, bei der Prüfung, ob ein schlichter Parlamentsbeschluß rechtmäßig und verbindlich oder unverbindlich ist, neben den von der herrschenden Meinung herangezogenen Verfassungsprinzipien die Verteilung der Kompetenzen und Befugnisse auf das Parlament und die Exekutive in dem jeweiligen staatlichen Tätigkeitsbereich zu berücksichtigen, der Gegenstand des Beschlusses ist.

III. Zur Rechtmäßigkeit schlichter Parlamentsbeschlüsse

Bei der Frage nach der Rechtmäßigkeit schlichter Parlamentsbeschlüsse ist zu untersuchen, ob und wieweit das Parlament zu solchen Beschlüssen grundsätzlich befugt ist. Die herrschende Meinung nimmt ein generelles Recht des Parlaments zu derartigen Willensäußerungen an und spricht in diesem Zusammenhange von der *Zulässigkeit* schlichter Parlamentsbeschlüsse. Zulässigkeit bedeutet also hier nichts anderes als *Rechtmäßigkeit*. Die Bezeichnungen Zulässigkeit bzw. Unzulässigkeit sind jedoch in erster Linie im Verfahrensrecht gebräuchliche Begriffe. Die Befugnis des Parlaments zu schlichten Beschlüssen ist aber kein verfahrensrechtliches Problem, sondern eine materiellrechtliche Frage, die das Verhältnis des Parlaments zur Exekutive betrifft[4]. Deshalb sind hier den speziell im Verfahrensrecht verwendeten Bezeichnungen Zulässigkeit bzw. Unzulässigkeit die allgemeinen Begriffe Rechtmäßigkeit bzw. Rechtswidrigkeit vorzuziehen.

Das Grundgesetz bestimmt in einer Reihe von Normen, daß der Bundestag seine Entscheidung in der Form eines schlichten Beschlusses zu treffen hat. Das Parlament ist in diesen Fällen also kraft ausdrücklicher Regelung berechtigt, einen schlichten Beschluß zu fassen. So hat der Bundestag z. B. gemäß Art. 59a Abs. 1 Satz 1 GG in einem schlichten Beschluß das Eintreten des Verteidigungsfalles festzustellen[5]. Ferner erfolgt die Entlastung der Bundesregierung durch den Bundestag hinsichtlich der Haushaltsführung nach Art. 114 Abs. 2 Satz 2 GG durch einen

---
[3] Siehe oben S. 35.
[4] Vgl. oben S. 33.
[5] Vgl. Art. 59a Abs. 1 Satz 1 GG, wonach der *Beschluß* des Bundestages vom Bundespräsidenten verkündet wird.

schlichten Beschluß[6]. Der Bundestag muß weiterhin einen schlichten Beschluß fassen, wenn er von seinem in Art. 43 Abs. 1 GG verankerten Recht Gebrauch machen will, die Anwesenheit eines Mitgliedes der Bundesregierung zu verlangen, um Fragen an die Regierung als die Spitze der Exekutive zu richten[7].

Die grundgesetzlichen Normen betreffen aber nur bestimmte schlichte Parlamentsbeschlüsse, die zudem sehr unterschiedliche Entscheidungen des Parlaments zum Gegenstande haben. Sie lassen keine allgemeine, in sich abgeschlossene und erschöpfende Regelung der schlichten Parlamentsbeschlüsse erkennen; sie stellen vielmehr jeweils Einzelregelungen dar. Aus den erwähnten grundgesetzlichen Bestimmungen können deshalb auch keine Normen über die generelle Rechtmäßigkeit — und ebensowenig über die Verbindlichkeit oder Unverbindlichkeit — schlichter Parlamentsbeschlüsse abgeleitet werden. Andererseits zwingt aber die Regelung einzelner Beschlüsse auch nicht zu dem Umkehrschluß[8], daß das Parlament im übrigen grundsätzlich keine schlichten Beschlüsse fassen dürfe und folglich schlichte Parlamentsbeschlüsse außer in den im Grundgesetz genannten Fällen prinzipiell nicht rechtmäßig seien[9]. Die Rechtmäßigkeit schlichter Parlamentsbeschlüsse ist vielmehr allein danach zu beurteilen, ob und wieweit für den jeweiligen staatlichen Tätigkeitsbereich eine Befugnis des Parlaments bejaht werden kann, durch schlichte Beschlüsse auf das Verhalten der Exekutive einzuwirken. Dies gilt gleichermaßen für verbindlich und unverbindlich gewollte schlichte Parlamentsbeschlüsse. Es kann mithin auch so sein, daß im Einzelfall das Parlament nur zu unverbindlich gewollten Beschlüssen berechtigt ist, d. h. also dann lediglich Beschlüsse fassen darf, die sich als Empfehlungen oder gar nur als bloße Stellungnahmen qualifizieren lassen. — Rechtswidrig sind hingegen wegen Kompetenzüberschreitung alle die schlichten Parlamentsbeschlüsse, für die sich in der Verfassung keine entsprechende rechtliche Grundlage finden läßt.

Die Rechtswidrigkeit eines schlichten Parlamentsbeschlusses hat zur Folge, daß über einen Antrag, einen solchen Beschluß zu fassen, überhaupt nicht in der Sache beraten und über ihn nicht abgestimmt werden darf. Das bedeutet z. B. für Beschlüsse des Bundestages, daß die Anträge

---

[6] Vgl. statt aller Maunz-Dürig, Rdn. 28 zu Art. 114 GG. A. A. ist — allerdings ohne Begründung — nur Bühler, Bonner Kommentar, Anm. II 4 zu Art. 114 GG, nach dem die Entlastung in dem gleichen Verfahren erfolgt, in dem Gesetze beschlossen werden; diese von der h. M. abweichende Ansicht beruht möglicherweise auf einem Mißverständnis des Satzes 3 von Abs. 2, wonach die Rechnungsprüfung durch ein Bundes*gesetz* geregelt wird. — Vgl. die entsprechende Regelung der BayVerf in Art. 80 Satz 1.
[7] Vgl. für das bayerische Verfassungsrecht Art. 24 Abs. 1 BayVerf.
[8] Hierzu allgemein Larenz, Methodenlehre, S. 285 f, 295 f, und Dahm, Recht, S. 50.
[9] Dasselbe gilt entsprechend für das bayerische Verfassungsrecht.

2. Kapitel: Einteilung der Beschlüsse und allgemeine Grundregeln

vom Ältestenrat gar nicht erst auf die Tagesordnung gesetzt werden dürfen[10].

IV. Zur Frage der Auslegung der schlichten Parlamentsbeschlüsse

Die Einteilung der schlichten Parlamentsbeschlüsse in verbindlich und unverbindlich gewollte erfordert es, bei jedem zu untersuchenden Beschluß den *Willen des Parlaments* festzustellen. Dieser Wille ist primär aus der vom Parlament gewählten Formulierung zu erschließen. Die Auslegung schlichter Parlamentsbeschlüsse muß wie die Auslegung von Gesetzen mit dem Wortsinn beginnen[11]. Heißt es z. B. in einem Beschluß, die Regierung „hat" bestimmte Maßnahmen zu treffen, so wird anzunehmen sein, daß das Handeln der Exekutive durch diesen Beschluß bindend festgelegt werden soll; das „hat" ist hier im Sinne einer sogenannten Muß-Vorschrift zu deuten. „Mißbilligt" das Parlament das Verhalten der Exekutive, ist in dem Beschluß eine bloße Stellungnahme zu erblicken.

Bei der überwiegenden Zahl schlichter Beschlüsse ist allerdings die Ermittlung des parlamentarischen Willens, insbesondere die Entscheidung darüber, ob die Exekutive gebunden oder ihr ein näher umschriebenes Verhalten lediglich anheimgestellt werden soll, allein nach dem Wortlaut nicht möglich. Formulierungen wie beispielsweise die, die Regierung werde „ersucht", „beauftragt", „aufgefordert", u. ä. lassen einen eindeutigen Willen der Volksvertretung nicht ohne weiteres erkennen. Hier können gegebenenfalls die den Beschlußfassungen vorangegangenen Beratungen die Vorstellungen des Parlaments erhellen, wie auch die Entstehungsgeschichte eines Gesetzes der Feststellung des gesetzgeberischen Willens dienen kann[12]. Danach ist z. B. ein Ersuchen als eine Weisung zu deuten, wenn die für die Beschlußfassung eintretende Parlamentsmehrheit mehrfach ausdrücklich betont hat, daß die Exekutive an den Beschluß gebunden sein soll.

Ein Studium der Berichte über die Sitzungen des Bundestages und der Landesparlamente zeigt freilich, daß man in der Regel nicht ausdrücklich darauf zu sprechen kommt, ob der Beschluß für die Exekutive verbindlich sein soll oder nicht. Der Wille des Parlaments läßt sich in solchen Fällen nur mit Hilfe von Vermutungen bestimmen. So ist im Zweifel ein Beschluß als verbindlich gewollt zu qualifizieren, wenn er nach seinem Wortlaut sowohl verbindlich als auch unverbindlich gewollt sein kann. Eine solche Vermutung wird durch das überall spürbare Bestre-

---
[10] Vgl. § 14 GeschOBT.
[11] Vgl. Larenz, aaO, S. 241 f, und Dahm, aaO, S. 41.
[12] Siehe dazu Larenz, aaO, S. 247 ff, und Dahm, aaO, S. 43 ff.

ben des Parlaments gerechtfertigt, die staatlichen Entscheidungen an sich zu ziehen und die Ermessensfreiheit der Exekutive einzuengen[13]. Anders ist es jedoch, wenn ein vom Parlament verbindlich gewollter Beschluß rechtswidrig sein würde. In diesem Fall hat die Vermutung der „bona fides" des Parlaments den Vorrang[14], d. h. es muß grundsätzlich davon ausgegangen werden, daß das Parlament in den Grenzen seiner Befugnisse unter Achtung der Verfassung handeln will. Es ist folglich im Zweifel nur die Form (Weisung, Empfehlung usw.) parlamentarischer Einflußnahme auf die Exekutive zu unterstellen, die als solche für den betreffenden staatlichen Tätigkeitsbereich noch rechtmäßig ist. Das bedeutet vor allem, daß ein schlichter Parlamentsbeschluß bei mehrdeutigem Wortlaut lediglich dann als verbindlich gewollt zu behandeln ist, wenn das Parlament von Verfassungs wegen zu einer solchen Willensäußerung befugt ist. Danach kann beispielsweise auch ein „Ersuchen" an die Regierung einmal eine Weisung, das andere Mal eine Empfehlung sein[15].

V. Tatsächliche Wirkungen schlichter Parlamentsbeschlüsse

Tatsächliche Wirkungen schlichter Parlamentsbeschlüsse sind alle diejenigen Wirkungen, die nicht unmittelbar kraft normativer Regelung eintreten. Eine solche tatsächliche Folge ist das stets feststellbare Bestreben der Exekutive, dem in Form eines Beschlusses geäußerten Willen des Parlaments möglichst nachzukommen[16]. In der Regel befolgt die Exekutive die Beschlüsse der Volksvertretung[17]. Das gilt ohne Rücksicht darauf, ob es sich um rechtmäßige oder rechtswidrige, verbindlich oder unverbindlich gewollte, (objektiv) verbindliche oder unverbindliche

---

[13] Vgl. Lerche, NJW 1961, 1759, und Hans Peters, LaforetF, S. 27.
[14] Vgl. zur Vermutung der bona fides der Staatsorgane Mosler, BilfingerF, S. 276, 278.
[15] Zu den Begriffen Weisung und Empfehlung siehe oben S. 38.
[16] Hierfür sind die Vorgänge um einen Beschluß des Bayerischen Landtages ein sehr instruktives Beispiel. Der Bayerische Landtag hatte am 8. 11. 1956 beschlossen, der Staatsregierung eine Eingabe zur Berücksichtigung hinüberzugeben mit der Maßgabe, die Regierung von Mittelfranken den Stadtrat in N. anzuweisen, den ehemaligen Einheitstaxi-Unternehmern eine Fahrgenehmigung zu erteilen, soweit die persönliche Zuverlässigkeit der Antragsteller gegeben und die Sicherheit und die Leistungsfähigkeit des Betriebes gewährleistet seien (StenBer d. 3. Wahlp. — Beil. 2058). Wie den Ausführungen des damaligen Staatsministers Bezold in dieser Beschluß in einer späteren Sitzung des Bayerischen Landtages (87. Sitzung d. 3. Wahlp. — StenBer, S. 3013) entnommen werden kann, wollte die Bayerische Staatsregierung seinerzeit grundsätzlich den Beschluß vollziehen, hatte aber Bedenken, rechtlich dazu überhaupt in der Lage zu sein.
[17] Vgl. z. B. die Ausführungen des Bayerischen Ministerpräsidenten Ehard in der Sitzung des Bayerischen Landtages vom 7. 2. 1952 (StenBer d. 2. Wahlp., II. Tagung 1951/1952, S. 1436).

2. Kapitel: Einteilung der Beschlüsse und allgemeine Grundregeln

schlichte Parlamentsbeschlüsse handelt. Ein an der rechtlichen Qualifikation der Beschlüsse ausgerichtetes, differenzierendes Verhalten der Exekutive ist hier im allgemeinen nicht erkennbar.

Der Grund für diese Erscheinung ist in den tatsächlichen Wirkungen zu suchen, die durch die Nichtbeachtung eines schlichten Parlamentsbeschlusses ausgelöst werden können.

So kann die Mißachtung des erklärten Willens des Parlaments zu dem Sturz der amtierenden Regierung und der Wahl einer neuen führen[18]. Ein Wechsel in der Spitze der Exekutive ist die bedeutsamste Konsequenz, die die Volksvertretung aus der Nichtbefolgung eines Beschlusses ziehen kann. Die Wahl einer neuen Regierung, die nach den Vorstellungen des Parlaments zu handeln bereit ist, gewährleistet dann zugleich die Verwirklichung des in einem Beschluß geäußerten Willens.

Das Parlament kann freilich von der ultima ratio eines Regierungswechsels absehen. Es ist in der Lage, auch auf andere Art und Weise die Tätigkeit der Regierung zu erschweren oder zu lähmen, um seinen Wünschen Nachdruck zu verleihen. So kann das Parlament z. B. bei der Feststellung des Haushaltsplanes (in der Form eines Gesetzes)[19] der Exekutive von ihr benötigte Haushaltsmittel verweigern[20] und sie auf diesem Wege daran hindern, geplante Vorhaben zu realisieren[21]. Es kann ferner dadurch auf das Verhalten der Regierung einwirken, daß es von ihr eingebrachte Gesetzesvorlagen nicht verabschiedet. Die Exekutive bedarf aber zur Durchführung des Regierungsprogramms der vom Parlament zu beschließenden Gesetze[22]; sie kann sich deshalb über den erklärten Willen des Parlaments nicht auf die Dauer hinwegsetzen.

Schließlich sind noch parlamentarische Untersuchungsausschüsse[23], Anfragen und Interpellationen[24] geeignet, das Handeln der Exekutive zu hemmen. Sie ermöglichen eine Kontrolle der Exekutive und eine Einflußnahme auf ihre Entscheidungen[25]. So kann der Exekutive der Voll-

---

[18] z. B. durch ein konstruktives Mißtrauensvotum gemäß Art. 67 GG. Vgl. auch die von der Regelung des Grundgesetzes abweichende Bestimmung des Art. 44 Abs. 3 Satz 2 BayVerf, wonach der Ministerpräsident zurücktreten muß, wenn die politischen Verhältnisse ein vertrauensvolles Zusammenarbeiten zwischen ihm und dem Landtag unmöglich machen.
[19] Art. 110 Abs. 2 Satz 1 GG; Art. 70 Abs. 2 BayVerf.
[20] Das Bewilligungs- und Verweigerungsrecht des Parlaments ist allerdings „administrativ gebunden", d. h., daß beispielsweise Ausgaben für gesetzlich festgelegte Verwaltungseinrichtungen und rechtliche Verpflichtungen des Staates zu bewilligen sind; vgl. ausführlich Heckel, HDStR II, 392, 399.
[21] Vgl. dazu Jesch, Gesetz, S. 172, und Maunz, Staatsrecht, S. 303.
[22] Vgl. statt aller Friesenhahn, VVDStRL 16, 33 f Fußn. 62, 48 f; Scheuner, SmendF I, S. 247; Hans Peters, Gewaltentrennung, S. 14.
[23] Art. 44 GG; Art. 25 BayVerf.
[24] Art. 43 Abs. 1 GG, §§ 105—109, 110, 111 GeschOBT; Art. 24 Abs. 1 BayVerf, §§ 73—80 GeschOBayLT.
[25] Vgl. statt aller v. Mangoldt-Klein, Anm. III 1 zu Art. 43 GG.

zug eines schlichten Parlamentsbeschlusses schon deshalb ratsam erscheinen, weil sie hierdurch die Einsetzung eines Untersuchungsausschusses vermeidet.

Drittes Kapitel

Auseinandersetzung mit den Argumenten der herrschenden Meinung

I. Das Gewaltenteilungsprinzip

Das Gewaltenteilungsprinzip ist im geltenden Verfassungsrecht in den Art. 1 Abs. 3[1], 20 Abs. 2 Satz 2[2] und Abs. 3[3], sowie in den Überschriften der Abschnitte VII bis IX[4] des Grundgesetzes verankert[5]; es enthält nicht mehr wie zur Zeit des Konstitutionalismus eine Entscheidung über die Teilhabe verschiedener realer politischer Gewalten an der politischen Macht[6]. Das Gewaltenteilungsprinzip ist heute zu einem „Ordnungsprinzip freiheitlicher Staatsform" geworden[7]. Die drei Gewalten[8] Legislative, Exekutive und Judikative stellen formelle Staatsfunktionen (Gewaltenteilung im organisatorischen Sinne) dar, die durch eine materielle Funktionenlehre (Gewaltenteilung im gegenständlichen Sinne) bestimmt werden[9].

Bei der Gewaltenteilung im organisatorischen Sinne sind als Legislative die gesetzgebenden Körperschaften zu verstehen; die Exekutive ist als der Inbegriff aller Verwaltungsbehörden, die Judikative als der aller Gerichte aufzufassen[10]. Eine strenge Trennung ist freilich nicht möglich,

---

[1] „Die nachfolgenden Grundrechte binden Gesetzgebung, vollziehende Gewalt und Rechtsprechung als unmittelbar geltendes Recht."
[2] „Sie (gemeint ist die Staatsgewalt) wird vom Volke in Wahlen und Abstimmungen und durch besondere Organe der Gesetzgebung, der vollziehenden Gewalt und der Rechtsprechung ausgeübt."
[3] „Die Gesetzgebung ist an die verfassungsmäßige Ordnung, die vollziehende Gewalt und die Rechtsprechung sind an Gesetz und Recht gebunden."
[4] VII. Abschnitt: „Die Gesetzgebung des Bundes",
VIII. Abschnitt: „Die Ausführung der Bundesgesetze und die Bundesverwaltung",
IX. Abschnitt: „Die Rechtsprechung".
[5] Vgl. Friedrich Klein, ZgesStW 106, 403.
[6] Siehe dazu namentlich Werner Weber, C. SchmittF, S. 255 ff, und Spannungen, S. 27 f.
[7] So u. a. Friesenhahn, VVDStRL 16, 37 Fußn. 71; Scheuner, SmendF I, S. 280, und DÖV 1957, 635 f.
[8] „Als figurativer Ausdruck verstanden": Löwenstein, Verfassungslehre, S. 33.
[9] Vgl. dazu Imboden, Gewaltentrennung, S. 11 ff; Kägi, Gewaltenteilungsprinzip, S. 117 ff, 158 ff; Peter Schneider, AöR 82, 1 f; Jesch, Gesetz, S. 93.
[10] Siehe Obermayer, Grundzüge, S. 25 f.

da es beispielsweise im Bereich der gesetzgebenden Körperschaften auch Organe gibt, die als Verwaltungsbehörden tätig werden (z. B. der Präsident des Parlaments bei der Wahrnehmung der Haus- und Ordnungsgewalt)[11]. Der Problematik der Gewaltenteilung im formellen Sinne braucht hier jedoch nicht weiter nachgegangen zu werden.

Die herrschende Meinung knüpft, wenn sie aus dem Gewaltenteilungsprinzip die generelle Unverbindlichkeit schlichter Parlamentsbeschlüsse ableitet, an die Teilung der Gewalten im gegenständlichen Sinne an. Sie umschreibt zwar nicht näher die dem Parlament und der Exekutive ihrer Ansicht nach zuzuordnenden (materiellen) Funktionen. Offenbar läßt sie sich aber von der Vorstellung leiten, daß die Funktion des Parlaments allein in der Gesetzgebung im Sinne von Normsetzung (Norm als Rechtsregel verstanden, die einen unbestimmten Betroffenenkreis erfaßt,) zu sehen ist, während der Erlaß von Vollzugsakten für den Einzelfall Funktion der Exekutive sein soll. Eine Verbindlichkeit schlichter Parlamentsbeschlüsse erscheint der herrschenden Meinung mit der Teilung der staatlichen Funktionen und ihrer Zuweisung an verschiedene Organe vor allem deshalb unvereinbar, weil die schlichten Parlamentsbeschlüsse von ihrem Gegenstande her die Tätigkeit der Exekutive betreffen und nicht Gesetzgebung im formellen und materiellen Sinne[12] darstellen.

An dieser Argumentation ist soviel richtig: Der Grundsatz der Gewaltenteilung im materiellen Sinne schließt eine Bindung der Exekutive durch schlichte Parlamentsbeschlüsse jedenfalls generell aus, soweit man aus diesem Verfassungsprinzip folgern kann, daß die Verwaltungsbehörden ihr Verhalten in eigener Verantwortung und selbständig zu bestimmen haben. Sonst würden die Unterscheidung der staatlichen Funktionen und ihre Zuweisung an verschiedene Gewaltenorganisationen illusorisch werden. Denn verbindliche Beschlüsse beschränken die Entschluß- und Handlungsfreiheit der Exekutive. Sie hätten zur Folge, daß Entscheidungen, für die nach dem Gewaltenteilungsgrundsatz die Exekutive zuständig ist, letzten Endes das Parlament träfe.

Mit diesen mehr oder weniger allgemeinen Feststellungen ist jedoch die Frage, welche Folgerungen sich aus dem Gewaltenteilungsgrundsatz hinsichtlich der Verbindlichkeit bzw. Unverbindlichkeit schlichter Parlamentsbeschlüsse im einzelnen ziehen lassen, noch nicht endgültig beantwortet. Man muß vielmehr außerdem beachten, daß das Gewaltenteilungsprinzip nur insoweit über die Verbindlichkeit oder Unverbindlichkeit und die Rechtmäßigkeit schlichter Parlamentsbeschlüsse wirklich Aufschluß geben kann, als sich ein verfassungsrechtlich gewährleisteter Funktionsbereich (mit eigenverantwortlicher Entscheidung) der

---

[11] Vgl. Hans Peters, Gewaltentrennung, S. 14, und Obermayer, ebenda.
[12] Zur Unterscheidung von Gesetz im formellen und materiellen Sinne vgl. Jesch, aaO, S. 9 ff mit Nachweisen.

3. Kapitel: Auseinandersetzung mit der herrschenden Meinung 49

Exekutive gegenüber dem Parlament auch konkret bestimmen läßt. Es bedarf also einer Abgrenzung der Funktionen von Parlament und Exekutive. Dieses Vorhaben erweist sich in mehrfacher Hinsicht als schwierig.

Die Problematik der Gewaltenteilung im gegenständlichen Sinne zeigt sich zunächst bei den für die funktionelle Trennung von Gesetzgebung und Verwaltung maßgeblichen Kriterien. Hierbei geht es vor allem um die Abgrenzung des Begriffs der Norm von dem des Einzelaktes[13]. Weiter ist zu bedenken, daß Normsetzung (als Funktion des Parlaments) und Normvollzug (als Funktion der Exekutive) nicht unbedingt miteinander korrespondierende Vorgänge sind[14]. Es gibt Gesetze, die nicht mehr eines besonderen Vollzugsaktes bedürfen, sondern „unmittelbar" wirken[15]. Umgekehrt können Gesetze selbst „Vollzugsakte" sein[16]. Ferner ergibt sich aus der im Grundgesetz verankerten Verteilung der Zuständigkeiten und Befugnisse auf Parlament und Exekutive, daß das Parlament keineswegs lediglich als Gesetzgeber im Sinne von Normgeber auftritt. Es nimmt durch den Erlaß von nur sogenannten formellen Gesetzen sowie in der Form von ausdrücklich geregelten schlichten Beschlüssen auch Angelegenheiten wahr, die ihrem Wesen nach funktionell der Exekutive zuzuordnen sind. Die Feststellung des Haushaltsplanes durch förmliches Gesetz und die Entlastung der Bundesregierung durch schlichten Beschluß gemäß Art. 114 Abs. 2 Satz 2 GG sind hierfür Beispiele[17]. Das Parlament „verwaltet" schließlich, wenn es bei der Gesetzgebung sehr „ins Einzelne und Besondere, Technische und Lokale" geht[18] oder sogenannte Maßnahmegesetze verabschiedet[19]. Eine starre Trennung der Funktionen der Exekutive von denen des Parlaments ist mithin nach dem geltenden Verfassungsrecht nicht möglich[20].

Das Gewaltenteilungsprinzip verbürgt nur bestimmte *Kernfunktionen* und weist diese dem Parlament und der Exekutive (und der Judikative) jeweils als Hauptaufgabe zu[21]. So besteht die Kernfunktion des Parlaments als gesetzgebender Körperschaft in dem Erlaß von Rechtsnormen als Gesetzen im formellen und materiellen Sinne. Die Kernfunktion der Exekutive ist der Erlaß gesetzesvollziehender Einzelakte gegenüber

---

[13] Vgl. dazu Maunz-Dürig, Rdn. 107 ff zu Art. 20 GG mit weiteren Nachweisen, und Volkmar, Allgemeiner Rechtssatz und Einzelakt.
[14] Vgl. Obermayer, ebenda.
[15] z. B. gesetzliche Gebote oder Verbote, die sich an die Allgemeinheit wenden.
[16] z. B. eine Enteignung durch Gesetz nach Art. 14 Abs. 3 Satz 2 GG.
[17] Vgl. Hans Peters, ebenda.
[18] Vgl. Scheuner, SmendF I, S. 277; Hans Peters, ebenda, und LaforetF, S. 27.
[19] Siehe dazu u. a. Jesch, aaO, S. 172 mit weiteren Nachweisen; Obermayer, aaO, S 26 ff; Maunz-Dürig, Rdn. 99 ff zu Art. 20 GG.
[20] Vgl. BVerfGE 3, 225 (247) und 7, 183 (188); Friesenhahn, aaO, S. 37; Scheuner, DÖV 1957, 636.
[21] Vgl. BVerfGE 9, 268 (280); Obermayer, ebenda; Peter Schneider, aaO, S. 19; Fleiner, Institutionen, S. 12 ff.

Rechtsträgern[22]. Das Gewaltenteilungsprinzip soll als „Ordnungsprinzip freiheitlicher Staatsform" seinem Wesen nach ein sinnvolles Zusammenwirken von Parlament und Exekutive (und Judikative) gewährleisten und dadurch die Staatsgewalt zum Schutze der Freiheit des einzelnen und zur Förderung des öffentlichen Wohles mäßigen und ordnen[23]. Als entscheidende Konsequenz ergibt sich daraus, daß — was hier besonders wichtig ist — der Vollzug der förmlichen Gesetze mit Außenwirkung grundsätzlich derjenigen Gewalt genommen ist, die sie geschaffen hat; er fällt deshalb in die prinzipielle Zuständigkeit der Verwaltungsbehörden[24].

Gewährleistet hiernach das Gewaltenteilungsprinzip der Exekutive als Funktionsbereich den Erlaß gesetzesvollziehender Einzelakte gegenüber Rechtsträgern, so können schlichte Parlamentsbeschlüsse, die solche Akte zum Gegenstande haben, mithin keine Verbindlichkeit entfalten. So kann z. B. einem Ersuchen an die Regierung, einen bestimmten Verwaltungsakt vorzunehmen, keine Verbindlichkeit zuerkannt werden. Verbindlich gewollte schlichte Parlamentsbeschlüsse zum Gesetzesvollzug sind rechtswidrig und rechtlich unwirksam.

Eine unverbindliche Einflußnahme des Parlaments auf den Gesetzesvollzug durch Einzelakte gegenüber Rechtsträgern wird jedoch durch das Gewaltenteilungsprinzip grundsätzlich nicht ausgeschlossen. Ihr steht die Kernfunktion der Exekutive nicht entgegen, da bei unverbindlichen Beschlüssen die eigenverantwortliche Entscheidung der Exekutive erhalten bleibt.

Für alle die schlichten Parlamentsbeschlüsse, die nicht den Gesetzesvollzug betreffen, versagt das Gewaltenteilungsprinzip als Kriterium. Die Frage der Verbindlichkeit oder Unverbindlichkeit von Beschlüssen, die etwa die Regierung zum Abschluß eines völkerrechtlichen Vertrages veranlassen sollen, kann aus ihm nicht beantwortet werden. — Außerdem ist abschließend noch darauf hinzuweisen, daß das Gewaltenteilungsprinzip nur Handlungen der Hoheitsorgane mit unmittelbaren Rechtswirkungen im Außenverhältnis, nicht aber auch solche, die auf lediglich staatsinternem Gebiet vorgenommen werden, betrifft[25]. Es kann deshalb aus ihm auch nicht die Unverbindlichkeit von Beschlüssen des Parlaments gefolgert werden, die staatliche Akte ohne eine unmittelbar rechtserhebliche Außenwirkung zum Gegenstande haben.

---

[22] Ausgenommen hiervon ist der Erlaß gesetzesvollziehender Strafen und Streitentscheidungen im Verfahren unabhängiger Gerichtsbarkeit (Kernfunktion der Judikative). Vgl. zur Abgrenzung der Kernfunktionen der Legislative, Exekutive und Judikative im einzelnen Obermayer, ebenda; Maunz, Staatsrecht, S. 228 f; Giese, Staatsrecht, S. 33 f, 189.
[23] Siehe BVerfGE 9, 268 (279); Imboden, ebenda; Peter Schneider, aaO, S. 2; Scheuner, DÖV 1957, 635 f.
[24] Obermayer, Rechtsetzungsakte, S. 228.
[25] Vgl. Obermayer, Grundzüge, S. 29.

3. Kapitel: Auseinandersetzung mit der herrschenden Meinung 51

II. Das Rechtsstaats- bzw. Gesetzmäßigkeitsprinzip

Das Grundgesetz legt das *Rechtsstaatsprinzip* expressis verbis in Art. 28 Abs. 1 Satz 1 fest: „Die verfassungsmäßige Ordnung in den Ländern muß den Grundsätzen des republikanischen, demokratischen und sozialen Rechtsstaates im Sinne dieses Grundgesetzes entsprechen". Dabei ist der Begriff des Rechtsstaates allerdings mehrdeutig[26]. Nach dem geltenden Verfassungsrecht wird man unter „Rechtsstaat" ein Staatsgebilde zu verstehen haben, das in erster Linie Recht und Gerechtigkeit zum Schutze seiner Bürger vor Willkür und Gewalt zu verwirklichen anstrebt, „also die Macht auf die Seite des Rechts zu stellen gewillt ist"[27].

Diese Begriffsbestimmung genügt jedoch noch nicht, um aus dem Grundsatz der Rechtsstaatlichkeit Rechtsregeln über die Verbindlichkeit oder Unverbindlichkeit und die Rechtmäßigkeit der nicht gesetzlich geregelten schlichten Parlamentsbeschlüsse gewinnen zu können. Hierfür können vielmehr erst die verschiedenen Verfassungsprinzipien, in denen er konkretisiert wird, möglicherweise eine geeignete Grundlage sein.

Der Rechtsstaatsgrundsatz hat seine spezifische Ausgestaltung im einzelnen vor allem in der Gewährleistung persönlicher Grundrechte, in dem schon behandelten Gewaltenteilungsprinzip, in dem Prinzip der Gesetzmäßigkeit der Verwaltung und endlich in dem Begriff des formellen Gesetzes gefunden[28].

Die herrschende Meinung stützt sich namentlich auf das Gesetzmäßigkeitsprinzip, wenn sie aus dem Rechtsstaatsgrundsatz die Unverbindlichkeit der schlichten Parlamentsbeschlüsse folgert. Das wird darin offenbar, daß sie sich vielfach ausdrücklich in Verbindung mit dem Grundsatz der Rechtsstaatlichkeit auf das Gesetzmäßigkeitsprinzip beruft und ausführt, nur ein Gesetz könne die Exekutive zu dem vom Parlament gewünschten Handeln verpflichten[29].

Das *Prinzip der Gesetzmäßigkeit der Verwaltung* ist im Grundgesetz in Art. 20 Abs. 3 ausgesprochen[30], wonach die Gesetzgebung an die verfassungsmäßige Ordnung, die vollziehende Gewalt und die Rechtsprechung an Gesetz und Recht gebunden sind. Außerdem sind, um seine Tragweite im einzelnen zu bestimmen, Art. 19 Abs. 2 (Unantastbarkeit des Wesensgehalts der Grundrechte) und Abs. 4 (Rechtsweggarantie

---

[26] Vgl. Carl Schmitt, Legalität und Legitimität, S. 19, und ihm zustimmend Friedrich Klein, ZgesStW 106, 397; siehe auch Dahm, Recht, S. 299.
[27] Vgl. statt vieler Hans Peters, Gewaltentrennung, S. 11, und LaforetF, S. 22, sowie Dahm, ebenda.
[28] Vgl. v. Mangoldt-Klein, Anm. VI 2 zu Art. 20 GG, und Maunz, Staatsrecht, S. 63 ff.
[29] Siehe oben S. 25 f.
[30] Ule, Beiträge, S. 156; Forsthoff, Verwaltungsrecht, S. 114 Fußn. 5; Obermayer, aaO, S. 30; Mallmann, VVDStRL 19, 182; BVerwGE 4, 111 (114).

gegenüber Rechtsverletzungen durch die öffentliche Gewalt), Art. 28 Abs. 1 (Sozial- und Rechtsstaatsgrundsatz) sowie Art. 80 Abs. 1 GG (Verbot von Globalermächtigungen) heranzuziehen[31]. Das Gesetzmäßigkeitsprinzip enthält zwei Komponenten: das Prinzip des Vorranges und das Prinzip des Vorbehaltes des Gesetzes[32]. Diese beiden Komponenten sind streng voneinander zu trennen, da sie Verschiedenes bedeuten. Die herrschende Meinung unterscheidet allerdings nicht im einzelnen zwischen Vorrang und Vorbehalt des Gesetzes, sondern begründet die Unverbindlichkeit schlichter Parlamentsbeschlüsse schlechthin mit dem Gesetzmäßigkeitsprinzip.

Der *Vorrang des Gesetzes* besagt, daß als förmliche Gesetze erlassene Hoheitsakte (z. B. Rechtsnormen) nur wieder durch Gesetz abgeändert oder aufgehoben werden können und daß Hoheitsakte im Range unter einem Gesetz (z. B. Verwaltungsakte) nicht gegen Gesetze verstoßen dürfen[33].

Das Parlament kann daher wegen des Vorrangprinzips nicht durch Beschluß ein förmliches Gesetz abändern oder aufheben. Damit entfällt auch zugleich eine Bindung der Exekutive an einen solchen Beschluß. Schlichte Parlamentsbeschlüsse, die inhaltlich die Änderung oder Aufhebung eines förmlichen Gesetzes darstellen, sind deshalb rechtswidrig. Das hätte z. B. für einen Beschluß etwa des Wortlauts zu gelten: „Das durch das Gesetz vom . . . dem Ministerium für Ernährung unterstellte Referat für Schulspeisung untersteht ab sofort dem Innenministerium".

Das Vorrangprinzip verwehrt dem Parlament weiterhin eine verbindliche und ebenso eine unverbindliche Einflußnahme auf die Exekutive, wenn hierdurch von dieser ein Gesetzen widersprechendes Verhalten gefordert wird. Das Gebot an die Exekutive, nicht gegen Gesetze zu verstoßen, würde illusorisch, wenn das Parlament der Exekutive die Vornahme gesetzwidriger Akte verbindlich vorschreiben könnte oder auch nur anheimstellen dürfte. Die Befugnis zu einer solchen Einwirkung auf die Exekutive liefe darauf hinaus, daß das Parlament im Ergebnis durch schlichte Beschlüsse als förmliche Gesetze erlassene Hoheitsakte unwirksam machen könnte. Das aber ist gerade mit der Geltung des Vorrangprinzips unvereinbar[34]. Will das Parlament seine Vorstellungen verwirklichen, muß es in einem solchen Falle ein neues förmliches Gesetz ver-

---
[31] Vgl. Mallmann, aaO, S. 182 ff; Obermayer, ebenda.
[32] Zur Unterscheidung von Vorrang und Vorbehalt des Gesetzes vgl. statt aller Maunz-Dürig, Rdn. 127 zu Art. 20 GG mit weiteren Nachweisen.
[33] Vgl. Jesch, aaO, S. 29 f; Obermayer, DVBl. 1959, 355.
[34] Vgl. hierzu Otto Mayers Definition des Vorranges des Gesetzes, Verwaltungsrecht, S. 72: „Das Gesetz ist unverbrüchlich. Das will sagen: der Staatswille, der auf diesem Wege zur Erscheinung gekommen ist, kann rechtlich auf keinem anderen Wege aufgehoben, abgeändert oder unwirksam gemacht werden und hebt andererseits alle bereits vorhandenen staatlichen Willensäußerungen auf, welche mit anderem Inhalte ihm entgegenstehen."

3. Kapitel: Auseinandersetzung mit der herrschenden Meinung 53

abschieden, das dann nicht nur das die Exekutive hindernde Gesetz aufhebt und dadurch die Vorrangsperre beseitigt, sondern darüber hinaus auf Grund seiner „eigenen" Vorrangwirkung auch die Exekutive bindet. Schlichte Parlamentsbeschlüsse, die die Exekutive zu einem gesetzwidrigen Handeln veranlassen sollen, sind mithin in jedem Falle rechtswidrig.

Für die Behandlung von schlichten Parlamentsbeschlüssen, bei denen es nicht um die Aufhebung bzw. Änderung eines förmlichen Gesetzes oder ein gesetzwidriges Verhalten der Exekutive geht, lassen sich aus dem Gesetzesvorrang keine Normen gewinnen. — Der Gesetzesvorrang besagt weiterhin aber auch nicht, daß für die Exekutive verbindliche Akte des Parlaments generell etwa nur in Gestalt eines förmlichen Gesetzes denkbar sind. Auch schlichte Beschlüsse des Parlaments sind im Prinzip geeignet, eine bindende Wirkung für die Exekutive zu entfalten. Das beweisen die Regelungen z. B. der Art. 43 Abs. 1 und 59a Abs. 1 GG. Der Beschluß des Bundestages nach Art. 43 Abs .1, mit dem die Anwesenheit eines Regierungsmitgliedes verlangt wird, verpflichtet das betreffende Regierungsmitglied, zu erscheinen und auf Fragen „Rede und Antwort zu stehen"[35]. Stellt der Bundestag nach Art. 59a Abs. 1 durch Beschluß das Eintreten des Verteidigungsfalles fest, so muß die Exekutive — hier in der Person des Bundespräsidenten — die völkerrechtliche Kriegserklärung abgeben[36].

Der *Vorbehalt des Gesetzes* — die andere Komponente des Gesetzmäßigkeitsprinzips — bedeutet, daß gewisse Hoheitsakte ihres Inhalts wegen oder auf Grund ausdrücklicher Verfassungsnorm dem Gesetzgebungsverfahren vorbehalten sind und stets als ein förmliches Gesetz zustandekommen oder sich auf ein förmliches Gesetz zurückführen lassen müssen[37].

Dem Vorbehalt des Gesetzes unterliegen zunächst einmal Rechtsnormen[38]. Die Rechtsnorm wird dabei als eine mit obrigkeitlicher Autorität versehene Rechtsregel verstanden, die für einen unbestimmten Kreis von Rechtsträgern an einen konkretisierungsfähigen Tatbestand eine Rechtsfolge knüpft[39]. Rechtsnormen dürfen nach dem Vorbehaltsprinzip grundsätzlich nur durch ein förmliches Gesetz selbst oder auf Grund eines förmlichen Gesetzes durch eine Rechtsverordnung erlassen werden[40]. — Der Vorbehalt des Gesetzes findet ferner bei Einzelmaßnahmen

---
[35] So die h. L.; vgl. Nawiasky, Grundgedanken, S. 89.
[36] Maunz-Dürig, Rdn. 19 zu Art. 59a GG.
[37] Vgl. Obermayer, DVBl. 1959, 355, und Jesch, aaO, S. 30 f.
[38] Vgl. Hans J. Wolff, Verwaltungsrecht I, § 24 II b (S. 99), und Obermayer, Grundzüge, S. 56.
[39] Vgl. Obermayer, aaO, S. 49, und Rechtsetzungsakte, S. 30.
[40] Siehe Hans J. Wolff, ebenda, und Obermayer, DVBl. 1959, 355.

(Verwaltungsakten) Anwendung. Das gilt nicht nur für belastende, sondern darüber hinaus auch für begünstigende Verwaltungsakte. Es ist unbestritten, daß begünstigende Verwaltungsakte im Bereich der Eingriffsverwaltung (z. B. die Erteilung einer Baugenehmigung) durch eine besondere Rechtsgrundlage gedeckt sein müssen. Umstritten ist in Schrifttum und Rechtsprechung dagegen die Frage, ob auch begünstigende Verwaltungsakte der leistunggewährenden Verwaltung (z. B. die Bewilligung von Subventionen und Zuschüssen) einer besonderen gesetzlichen Ermächtigung bedürfen. Die verschiedenen zu diesem Problem vertretenen Ansichten können allerdings hier nicht wiedergegeben[41], geschweige denn im einzelnen erörtert werden. Ein solches Vorhaben würde über den Rahmen der vorliegenden Arbeit hinausgehen. Der Gesetzesvorbehalt wird jedoch im Prinzip auch für begünstigende Verwaltungsakte im Bereich der Leistungsverwaltung zu gelten haben. Er könnte sonst leicht ausgehöhlt und entwertet werden. Denn für denjenigen, dem eine beantragte Begünstigung nicht gewährt wird, bedeutet ihre Versagung eine Belastung[42]. — Endlich müssen kraft besonderer Verfassungsnorm bestimmte einzelne Hoheitsakte, die nicht den Rechtskreis von Rechtsträgern berühren und damit einer rechtlichen Außenwirkung entbehren, im Gesetzgebungsverfahren als Gesetze im nur formellen Sinne erlassen werden. Vor allem ist der Haushaltsplan ein solcher Akt ohne unmittelbare Rechtswirkungen im Außenverhältnis, da durch ihn gemäß § 24 RHO Ansprüche Dritter oder Verbindlichkeiten Dritter weder begründet noch aufgehoben werden. Art. 110 Abs. 2 Satz 1 GG verlangt seine Feststellung durch Gesetz.

Nachdem so Wesen und Tragweite des Gesetzesvorbehalts herausgearbeitet worden sind, können nunmehr die verschiedenen Folgerungen aufgezeigt werden, die sich aus ihm für die Beurteilung schlichter Parlamentsbeschlüsse ziehen lassen:

Die Geltung des Gesetzesvorbehalts für Rechtsnormen bedingt, daß schlichte Parlamentsbeschlüsse nicht die Wirkungen von Rechtsnormen entfalten und nicht als solche die Exekutive binden können. Verbindlich gewollte schlichte Parlamentsbeschlüsse sind daher rechtswidrig, wenn man ihnen Rechtsnormqualität beilegen müßte, um eine Verpflichtung der Exekutive zu ihrer Befolgung begründen zu können. Diese Regel betrifft alle die verbindlich gewollten Beschlüsse, die die Exekutive zu einem mehr oder weniger konkretisierten Verhalten mit rechtlicher Wirkung für einen unbestimmten Kreis von Rechtsträgern veranlassen sollen und sich damit außer an die Exekutive auch an einen unbestimm-

---

[41] Vgl. die Darstellung des Streitstandes bei Haueisen, DVBl. 1961, 838, und im Urt. des VGH Kassel vom 29. 11. 1962 — VerwRspr 15, 918 ff.
[42] Vgl. hierzu Imboden, Gesetz, S. 42 („Interdependenz von Eingriffen und Leistungen"); Obermayer, Grundzüge, S. 71, und DÖV 1959, 268.

3. Kapitel: Auseinandersetzung mit der herrschenden Meinung 55

ten Betroffenenkreis wenden. Als rechtswidrig wäre demnach z. B. ein Bundestagsbeschluß folgenden Wortlauts zu behandeln: „Die Bundesregierung hat aus den Wehrpflichtigen, die nicht zum Dienst in der Bundeswehr herangezogen werden, ein Zivilschutzkorps zu bilden und die betroffenen Wehrpflichtigen durch die für die Einberufung zuständigen Stellen zu einer Grundausbildung von drei Monaten und zu jährlich stattfindenden Übungen von einem Monat einzuziehen".

Die Notwendigkeit einer besonderen gesetzlichen Grundlage für belastende und begünstigende Einzelmaßnahmen hat zur Folge, daß schlichte Parlamentsbeschlüsse die Exekutive nicht zum Erlaß von Verwaltungsakten ermächtigen und als solche keine ausreichende Basis für das vom Parlament angestrebte Tätigwerden der Verwaltungsbehörden sein können. Die Exekutive ist daher rechtlich nicht in der Lage, die auf Vornahme von Verwaltungsakten gerichteten schlichten Parlamentsbeschlüsse zu vollziehen, wenn nicht noch eine ausdrückliche gesetzliche Legitimation hierfür vorhanden ist. Würde man schlichte Parlamentsbeschlüsse in Fällen, in denen diese besondere Rechtsgrundlage fehlt, als für die Exekutive bindend betrachten, spräche man ihnen im Ergebnis die Eignung als Ermächtigungsgrundlage zum Erlaß von Verwaltungsakten zu. — Das Parlament darf aber auch nicht in einem solchen Fall der Exekutive die Vornahme von Verwaltungsakten lediglich anheimgeben. Eine derartige Einwirkung ist sinnwidrig und stößt ins Leere, da die Exekutive überhaupt nicht tätig werden darf. Es sind also alle die schlichten Parlamentsbeschlüsse rechtswidrig, gleichgültig ob sie verbindlich oder unverbindlich gewollt sind, die ein Handeln der Exekutive erreichen sollen, das nicht durch die notwendige gesetzliche Grundlage gedeckt ist. — Ist hingegen eine gesetzliche Ermächtigung vorhanden, so gelten die aus dem Gewaltenteilungsprinzip gewonnenen Rechtsregeln.

Der Gesetzesvorbehalt für bestimmte Hoheitsakte kraft ausdrücklicher Verfassungsnorm bewirkt, daß das Parlament solche Hoheitsakte stets in Gestalt eines Gesetzes erlassen muß. Als schlichte Parlamentsbeschlüsse können sie wegen der Mißachtung der verfassungsmäßig vorgeschriebenen Form für die Exekutive keine Verbindlichkeit erlangen. Ein verbindlich gewollter schlichter Parlamentsbeschluß ist mithin **rechtswidrig**. Auch eines unverbindlich gewollten Beschlusses hat sich das Parlament insoweit zu enthalten. Ein solcher Beschluß verletzt, wenn eine Verfassungsnorm die Regelung einer bestimmten Angelegenheit mit für die Exekutive bindender Wirkung in Form eines Gesetzes verlangt, ebenfalls die Verfassung; er ist daher rechtswidrig.

Alles dies zeigt, daß das Gesetzmäßigkeitsprinzip für die Beantwortung der Fragen der Verbindlichkeit bzw. Unverbindlichkeit sowie der Rechtmäßigkeit schlichter Parlamentsbeschlüsse nur bei Beschlüssen in

Betracht kommt, die mit einem (förmlichen) Gesetz kollidieren oder den Rechtskreis von Rechtsträgern berühren. Allgemein gültige und für alle schlichten Parlamentsbeschlüsse — ohne Rücksicht auf ihren Inhalt — anwendbare Rechtsregeln lassen sich weder aus dem Prinzip des Gesetzesvorranges noch aus dem Vorbehaltsprinzip ableiten. — Aus dem Gesetzmäßigkeitsprinzip kann mithin, um hier noch ein Beispiel zu bringen, nicht die Unverbindlichkeit eines schlichten Parlamentsbeschlusses gefolgert werden, der eine Angelegenheit ohne rechtliche Außenwirkung zum Gegenstande hat, die weder bereits durch einen formalgesetzlichen Organisationsakt geregelt ist, noch kraft einer ausdrücklichen Verfassungsbestimmung durch Gesetz geregelt werden muß.

III. Die Gleichrangigkeit von Parlament und Exekutive

Die These von der Gleichrangigkeit des Parlaments und der Exekutive und ihrer gegenseitigen Unabhängigkeit wurzelt im Gewaltenteilungsgrundsatz. Sie erklärt sich aus dem Sinn und Zweck der Teilung der Gewalten. Mäßigung der Staatsmacht und Schutz der Freiheit des einzelnen verlangen nicht nur die Verteilung der staatlichen Funktionen auf verschiedene Organe; sie erfordern auch prinzipiell Gleichrangigkeit und gegenseitige Unabhängigkeit der Gewalten.

Die herrschende Meinung folgert aus der Gleichrangigkeit und gegenseitigen Unabhängigkeit von Parlament und Exekutive die Unverbindlichkeit schlichter Parlamentsbeschlüsse. Dem kann man grundsätzlich zustimmen. Sind zwei Organe in der Ausübung ihrer Funktionen gleichrangig und voneinander unabhängig, kann ein Organ auch nicht durch verbindliche Beschlüsse auf die Tätigkeit des anderen einwirken.

Die Prämisse, von der die herrschende Meinung ausgeht, bedarf jedoch auf Grund des geltenden Verfassungsrechts in zweifacher Hinsicht gewisser *Einschränkungen*. Sie ergeben sich aus der dem Grundgesetz eigenen Form der Teilung der Gewalten und aus dem Wesen des parlamentarischen Regierungssystems.

Der Grundsatz der Gleichrangigkeit und gegenseitigen Unabhängigkeit bestimmt sich, da er seinen Ursprung in der Verteilung der staatlichen Funktionen auf verschiedene Gewaltenorganisationen hat, in seiner Tragweite danach, wie das *Gewaltenteilungsprinzip speziell im Grundgesetz* ausgestaltet worden ist. Das Grundgesetz weist der Exekutive als Hauptaufgabe die Kernfunktion zu, gesetzesvollziehende Einzelakte gegenüber Rechtsträgern zu erlassen. Nach dem Gewaltenteilungsprinzip werden Gleichrangigkeit und Unabhängigkeit der Exekutive gegenüber dem Parlament deshalb nur für diesen Kernbereich verfassungsrechtlich garantiert, und zwar mit allein der Konsequenz, daß das Parlament nicht gesetzesvollziehende Einzelakte erlassen darf. Der

3. Kapitel: Auseinandersetzung mit der herrschenden Meinung

Grundsatz der Gleichrangigkeit und gegenseitigen Unabhängigkeit läßt sich mithin lediglich insoweit als ein geeignetes Kriterium verwerten, als aus ihm nur die Unverbindlichkeit solcher schlichten Parlamentsbeschlüsse gefolgert werden kann, die den Gesetzesvollzug durch Einzelakte gegenüber Rechtsträgern zum Gegenstande haben[43].

Das *parlamentarische Regierungssystem* besagt, daß die Regierung auf das Vertrauen des Parlaments angewiesen und dem Parlament verantwortlich ist. Das Grundgesetz verankert das parlamentarische Regierungssystem namentlich in der Regelung der Wahl des Bundeskanzlers durch den Bundestag (Art. 63), in dem konstruktiven Mißtrauensvotum mit Abgangspflicht (Art. 67 Abs. 1), dem Auskunfts- und Informationsrecht des Bundestages (Art. 43 Abs. 1) und in seiner Befugnis, Untersuchungsausschüsse einzusetzen (Art. 44 Abs. 1). Die Wahl und Abberufung des Bundeskanzlers durch den Bundestag und die daraus erwachsende Einflußnahme auf die Regierungsbildung sowie die dem Bundestag vor allem gemäß Art. 43 Abs. 1 und 44 Abs. 1 GG zu Gebote stehenden Kontrollmittel bewirken nach dem Grundgesetz ein Übergewicht des Parlaments und eine Abhängigkeit der Regierung von der Volksvertretung[44].

Der Grundsatz von der Gleichrangigkeit und gegenseitigen Unabhängigkeit des Parlaments und der Exekutive findet hiernach in der ihm von der herrschenden Meinung zugedachten umfassenden Bedeutung im Grundgesetz keine Stütze. Mit Rücksicht auf das parlamentarische Regierungssystem und die dadurch bedingte Abhängigkeit der Regierung von der Volksvertretung kann er nicht als das die Stellung der Exekutive gegenüber dem Parlament bestimmende Prinzip angesehen werden. Auch für die Beurteilung schlichter Parlamentsbeschlüsse ist er deshalb lediglich in der Ausprägung brauchbar, die er durch das Gewaltenteilungsprinzip grundgesetzlicher Form erhalten hat. Vor allem stellt sich in diesem Zusammenhang das Problem, ob aus der Abhängigkeit der Regierung vom Parlament auch eine verfassungsrechtliche Befugnis des Parlaments zu unverbindlicher oder gar verbindlicher Einflußnahme auf das Verhalten der Regierung abgeleitet werden kann[45]. Zur Beantwortung dieser Frage sind jedoch vorab noch der Sinn und der Zweck des parlamentarischen Regierungssystems, vor allem aber des Mißtrauensvotums mit Abgangspflicht, näher darzulegen.

Die Befugnis des Parlaments, die Regierung abzuberufen und zur Rechenschaft zu ziehen, erhält erst dadurch ihren Sinn und ihre innere

---
[43] Vgl. zu Vorstehendem oben S. 49 f.
[44] Vgl. Friesenhahn, VVDStRL 16, 33 Fußn. 62, Hans Peters, Gewaltentrennung, S. 11 f, und Maunz-Dürig, Rdn. 2 zu Art. 67 GG.
[45] Es sei an dieser Stelle an die von der herrschenden Meinung abweichende Ansicht Carlo Schmids erinnert, wonach die Exekutive im Hinblick auf die parlamentarische Regierungsweise vom Parlament ordnungsgemäß gefaßte Beschlüsse auszuführen hat (vgl. oben S. 30).

Berechtigung, daß sie ein eigenschöpferisches Handeln und eine eigene Verantwortlichkeit der Regierung voraussetzt[46]. Die Regierung muß die ihr nach der Verfassung zukommenden Aufgaben „in Verantwortlichkeit gegenüber der Volksvertretung und von ihr getragen" erfüllen können[47]. Ein Staatsorgan kann die Verantwortung für eine von ihm zu treffende Entscheidung aber nur dann übernehmen, wenn es in seinem Willensentschluß frei und dabei nicht an die Willensentscheidung eines anderen Staatsorgans gebunden ist[48].

Das parlamentarische Regierungssystem schließt hiernach grundsätzlich eine Verbindlichkeit schlichter Parlamentsbeschlüsse aus. Die verbindlichen schlichten Parlamentsbeschlüsse zeichnen sich ja gerade dadurch aus, daß sie die Handlungs- und Entschlußfreiheit der Exekutive beschränken. Unverbindliche Beschlüsse stellen demgegenüber der Exekutive ein Verhalten nach den Wünschen des Parlaments lediglich anheim. Ein Recht des Parlaments zu solchen Beschlüssen läßt sich mit einer parlamentarischen Regierungsweise deshalb grundsätzlich in Einklang bringen. Ruhen hingegen im Einzelfall nach der Verfassung Entscheidung und Verantwortung nicht allein bei der Regierung, sondern gleichermaßen — quasi gesamthänderisch — beim Parlament und bei der Regierung, dann stehen Sinn und Zweck des parlamentarischen Regierungssystems nicht prinzipiell einer auch verbindlichen Einflußnahme der Volksvertretung auf das Verhalten der Regierung entgegen. Einem Staatsorgan, das für das Handeln eines anderen mitverantwortlich ist, darf es grundsätzlich nicht verwehrt sein, auf die Willensentscheidung des anderen Staatsorgans bindend einzuwirken.

Es kommt also für unsere Frage maßgeblich darauf an, wie das Parlament und die Regierung im einzelnen an Entscheidung und Verantwortung beteiligt sind. Auskunft hierüber gibt die von der Verfassung für die verschiedenen staatlichen Tätigkeitsbereiche getroffene Verteilung der Befugnisse und Zuständigkeiten auf Parlament und Regierung. Die rechtliche Regelung des jeweils in Betracht kommenden staatlichen Tätigkeitsbereichs muß mithin die Ausgangsbasis bilden. Erst wenn aus der grundgesetzlichen Verteilung der Befugnisse und Zuständigkeiten im Einzelfall die Stellung des Parlaments gegenüber der Exekutive genau fixiert ist, kann das parlamentarische Regierungssystem in seiner vorstehend modifizierten Bedeutung mit zur Lösung der aufgeworfenen Probleme herangezogen werden. Jedenfalls lassen sich aus dem parlamentarischen Regierungssystem allein über die Verbindlichkeit oder Unverbindlichkeit und die Rechtmäßigkeit einzelner schlichter Parlamentsbeschlüsse keine Regeln ableiten[49].

---

[46] Vgl. Leibholz, Strukturprobleme, S. 161; BVerfGE 9, 268 (281).
[47] Siehe Erich Kaufmann, VVDStRL 9, 7.
[48] Vgl. BayVerfGH, BayVGHE nF 4, II, 30 (47).
[49] Vgl. hierzu oben S. 34 f.

3. Kapitel: Auseinandersetzung mit der herrschenden Meinung   59

IV. Die Bestimmung der Richtlinien der Politik durch den Regierungschef

Die herrschende Meinung verneint die Verbindlichkeit schlichter Parlamentsbeschlüsse schließlich noch mit dem Argument, allein der Regierungschef habe die Richtlinien der Politik zu bestimmen[50]. Um sich hiermit auseinandersetzen zu können, ist zunächst auf den Sinngehalt des Art. 65 Satz 1 und 2 GG einzugehen.

Art. 65 Satz 1 und 2 GG lauten[51]: „Der Bundeskanzler bestimmt die Richtlinien der Politik und trägt dafür die Verantwortung. Innerhalb dieser Richtlinien leitet jeder Bundesminister seinen Geschäftsbereich selbständig und unter eigener Verantwortung".

Der Begriff des Politischen ist bereits an anderer Stelle erläutert worden. Es kann insofern auf die früheren Ausführungen verwiesen werden[52]. Politik bedeutet hier oberste Staatsführung und -leitung[53].

Mit dem Wort „Richtlinien" verbindet sich die Vorstellung von Grundzügen. Die Richtlinien der Politik enthalten danach die Grundzüge der obersten Staatsführung[54]. Von Richtlinien kann also nur dann gesprochen werden, wenn es sich um eine generelle Festlegung handelt, die im einzelnen noch einer Ausfüllung bedarf und einer solchen zugänglich ist[55]. Die Richtlinien lassen sich insoweit mit einem Rahmengesetz vergleichen[56]. Einzelmaßnahmen, „die nur für sich selbst stehen und mit der getroffenen Entscheidung abgeschlossen sind", stellen deshalb keine Richtlinien dar; sie bilden nicht den Rahmen für eine Vielzahl von einzelnen Akten[57]. So lassen sich z. B. die Stimmabgabe des Vertreters eines Bundeslandes im Bundesrat und eine außenpolitische Stellungnahme des Bundestages zu einem konkreten Einzelereignis nicht als Richtlinien ansehen.

Die Richtlinien binden nur die Minister[58]; sie haben damit den Charakter von innerdienstlichen Normen[59]. Sie geben dem Regierungschef

---

[50] Siehe oben 1. Teil, I B 4.
[51] Die entsprechende Bestimmung der BayVerf, Art. 47 Abs. 2, hat folgenden Wortlaut: „Er (gemeint ist der Ministerpräsident) bestimmt die Richtlinien der Politik und trägt dafür die Verantwortung gegenüber dem Landtag." Vgl. auch Art. 51 Abs. 1 BayVerf: „Gemäß der vom Ministerpräsidenten bestimmten Richtlinien der Politik führt jeder Staatsminister seinen Geschäftsbereich selbständig und unter eigener Verantwortung gegenüber dem Landtag."
[52] Siehe oben S. 35.
[53] Vgl. Wöckel, BayVBl. 1956, 258.
[54] Vgl. Wöckel, ebenda.
[55] Vgl. Maunz, BayVBl. 1956, 261.
[56] Vgl. Maunz, ebenda.
[57] Vgl. Maunz, ebenda.
[58] Siehe dazu Satz 2 von Art. 65 GG (Art. 51 Abs. 1 BayVerf).
[59] Maunz, ebenda.

60 2. Teil: Rechtmäßigkeit und Wirkungen

in Verbindung mit den Bestimmungen der Geschäftsordnung der Regierung[60] ein Aufsichtsrecht über die Minister[61].

Unter Richtlinien der Politik sind demnach Entscheidungen über die oberste Staatsführung und aus ihnen hervorgehende Normen über ein Tätigwerden von Staatsorganen im Bereich der Exekutive zu verstehen[62].

Aus diesem rechtlichen Inhalt des Art. 65 GG ergibt sich für die Beurteilung der schlichten Parlamentsbeschlüsse bereits folgendes:

Sämtliche schlichten Parlamentsbeschlüsse, die nicht auf eine Bestimmung der Richtlinien der Politik durch einen Beschluß des Parlaments hinauslaufen, werden von Art. 65 GG überhaupt nicht berührt. Aus dieser Vorschrift lassen sich vielmehr allenfalls Regeln über die Verbindlichkeit oder Unverbindlichkeit und über die Rechtmäßigkeit solcher schlichten Parlamentsbeschlüsse ableiten, die die Staatsführung und -leitung zum Gegenstande haben und eine generelle **Festlegung enthalten**. Beispiele für derartige schlichte Parlamentsbeschlüsse sind etwa der Beschluß des Bundestages zur „Wiedervereinigung **Deutschlands in Freiheit** mit friedlichen Mitteln" und der Beschluß, in dem sich der Bundestag für einen „Europäischen Bündnispakt" eingesetzt hat[63]. Beide Beschlüsse befassen sich mit der obersten Staatsführung und geben lediglich den Rahmen für eine Vielzahl verschiedenartiger Handlungen und Entscheidungen an, die im einzelnen zur Verwirklichung des vom Parlament geäußerten Willens notwendig sind.

Solche und ähnliche, ihrer Zahl nach praktisch nur verhältnismäßig wenige schlichte Parlamentsbeschlüsse können, wenn man im Hinblick auf Art. 65 GG nach ihrer Verbindlichkeit fragt, dann nicht verpflichtend sein, wenn Art. 65 GG nicht nur Kompetenzen innerhalb der Bundesregierung, sondern auch gegenüber dem Bundestag abgrenzt. Denn wenn Art. 65 GG allein dem Bundeskanzler die Befugnis einräumt, die Grundzüge der Staatsführung und -leitung zu bestimmen, kann nicht zugleich auch der Bundestag berechtigt sein, insoweit verbindliche Beschlüsse zu fassen.

---

[60] Vgl. z. B. die Geschäftsordnung der Bundesregierung vom 11. 5. 1951 (GMBl. S. 137). Siehe dort beispielsweise § 1 Abs. 1: „Der Bundeskanzler bestimmt die Richtlinien der inneren und äußeren Politik. Diese sind für die Bundesminister verbindlich und von ihnen in ihrem Geschäftsbereich selbständig und unter eigener Verantwortung zu verwirklichen. In Zweifelsfällen ist die Entscheidung des Bundeskanzlers einzuholen"; vgl. auch § 12: „Äußerungen eines Bundesministers, die in der Öffentlichkeit erfolgen oder für die Öffentlichkeit bestimmt sind, müssen mit den vom Bundeskanzler gegebenen Richtlinien der Politik im Einklang stehen."
[61] Vgl. dazu Eschenburg, DÖV 1954, 199, und Maunz, ebenda.
[62] Vgl. Maunz, aaO, S. 260.
[63] Stellennachweise siehe oben S. 18.

3. Kapitel: Auseinandersetzung mit der herrschenden Meinung

Die Ansichten darüber, ob Art. 65 GG nicht nur die Stellung des Bundeskanzlers innerhalb der Bundesregierung betrifft, sondern ebenso die Zuständigkeiten von Bundeskanzler und Bundestag regelt, sind nun freilich geteilt[64]. Dabei nimmt die herrschende Meinung auch an, Art. 65 GG behandele nicht nur die Stellung des Bundeskanzlers und der Bundesminister innerhalb der Bundesregierung, sondern darüber hinaus gegenüber anderen Verfassungsorganen, insbesondere dem Bundestag[65]. Dies kann nur dahin verstanden werden, daß es allein dem Bundeskanzler obliegen soll, die Grundzüge der obersten Staatsführung zu bestimmen. Eine solche Auslegung des Art. 65 GG ist jedoch abzulehnen.

Es ist einhellige Auffassung, daß der Regierungschef bei der Bestimmung der Richtlinien der Politik wie jedes andere Staatsorgan der bestehenden Rechtsordnung unterworfen ist. Er hat bei seiner Entscheidung deshalb nicht nur förmliche Gesetze, sondern nach herrschender Meinung beispielsweise auch Verträge mit auswärtigen Staaten zu beachten[66]. Ein Gesetz aber kann ebenso wie ein völkerrechtlicher Vertrag eine Entscheidung über die Grundzüge der obersten Staatsführung enthalten. Man denke nur an ein Gesetz, das die Exekutive zur Subventionierung für den Staat lebenswichtiger Wirtschaftszweige ermächtigt, oder an einen völkerrechtlichen Vertrag wie z. B. den zwischen der Bundesrepublik Deutschland und Frankreich vom 22. 1. 1963[67], durch den die Grundzüge der deutsch-französischen Zusammenarbeit festgelegt worden sind. Die Verfassungsmäßigkeit solcher Hoheitsakte ist bisher zu Recht noch von niemandem etwa deshalb angezweifelt worden, weil allein der Bundeskanzler die Richtlinien der Politik zu bestimmen habe. Art. 65 GG schließt also prinzipiell nicht Entscheidungen des Bundestages aus, die auch Gegenstand der Richtliniensetzung des Bundeskanzlers sein können. Dem läßt sich auch nicht entgegenhalten, der Bundeskanzler sei nur deshalb an solche Entscheidungen des Bundestages gebunden, weil sie in Form eines Gesetzes ergehen. Denn ein schlichter Parlamentsbeschluß kann im Prinzip ebenfalls die Exekutive zu einem bestimmten Verhalten verpflichten[68].

Der herrschenden Meinung kann noch aus einem anderen Grunde nicht gefolgt werden. Sie nimmt zwar an, Art. 65 GG grenze auch Kompetenzen des Bundeskanzlers gegenüber dem Bundestag ab. Andererseits ist man jedoch — und damit ist die herrschende Lehre letztlich in sich widerspruchsvoll — einhellig der Ansicht, daß die Richtlinien der Politik

---

[64] Vgl. v. Mangoldt-Klein, Anm. II 2 b zu Art. 65 GG.
[65] Vgl. BVerfGE 1, 299 (310 f); v. Mangoldt-Klein, ebenda und Anm. III 1 a und c zu Art. 65 GG mit weiteren Nachweisen; Hamann, Anm. A zu Art. 65 GG.
[66] Siehe Maunz-Dürig, Rdn. 2 zu Art. 65 GG, und v. Mangoldt-Klein, Anm. III 3 c zu Art. 65 GG mit weiteren Nachweisen.
[67] BGBl. II, 707.
[68] Siehe oben S. 53.

nur für die Minister verbindlich sind, nicht jedoch für das Parlament[69]. Das Parlament kann, was unbestritten ist, auch Gesetze beschließen, die nicht mit den Richtlinien des Bundeskanzlers im Einklang stehen. Verneint man aber eine Bindung des Parlaments an die Richtlinien der Politik, dann wird man folgerichtig ebensowenig annehmen können, allein der Bundeskanzler sei dafür zuständig, die Grundzüge der obersten Staatsführung festzulegen. Wer für bestimmte Angelegenheiten von der ausschließlichen Zuständigkeit eines Staatsorgans ausgeht, muß auch die Verbindlichkeit der von diesem Organ getroffenen Entscheidungen für die übrigen Staatsorgane bejahen. Erkennt man jedoch an, daß die anderen Staatsorgane, wie etwa der Bundestag, nicht an die Richtlinien des Bundeskanzlers gebunden sind, so verneint man damit im Ergebnis insoweit ebenfalls die alleinige Zuständigkeit des Bundeskanzlers.

Alles dies zeigt, daß Art. 65 GG nicht zur Abgrenzung von Kompetenzen des Bundeskanzlers und des Bundestages herangezogen werden kann. Um Art. 65 richtig zu verstehen, muß man von seiner systematischen Stellung im Grundgesetz ausgehen. Danach gehört er zu den Bestimmungen, die sich mit der Bundesregierung befassen; er regelt nur die Verteilung der Zuständigkeiten und Aufgaben innerhalb der Bundesregierung. Die Vorschrift des Art. 65 Satz 1 GG räumt wohl dem Bundeskanzler eine Vorrangstellung gegenüber den Bundesministern ein; sie gilt aber „nur im Rahmen des Kabinetts"[70].

Art. 65 GG stellt somit keine geeignete Grundlage dar, um aus ihm Rechtsregeln für die Verbindlichkeit bzw. Unverbindlichkeit sowie die Rechtmäßigkeit schlichter Parlamentsbeschlüsse gewinnen zu können.

---

[69] Maunz, aaO, S. 261.
[70] Nawiasky, Grundgedanken, S. 115.

Viertes Kapitel

Der schlichte Parlamentsbeschluß in den einzelnen staatlichen Tätigkeitsbereichen

I. Grundentscheidungen des Staates

1. Begriffsbestimmung, Beispiele, Abgrenzung von zweitrangigen Entscheidungen und Wesen der Grundentscheidungen

Unter *Grundentscheidungen* eines Staates sind alle die Entscheidungen zu verstehen, die für seine Gestaltung und Zielsetzung in Gegenwart und Zukunft richtungweisend und grundlegend sind. Der Begriff „Grundentscheidung" geht in dem hier verwendeten Sinne auf *Löwenstein* zurück, der bei seinem Vorschlag einer „neuen Dreiteilung der Staatsfunktionen" zwischen der politischen Gestaltungs- oder Grundentscheidung, der Ausführung oder Durchführung der Grundentscheidung und der politischen Kontrolle unterscheidet[1]. Die Grundentscheidungen lassen sich hinsichtlich ihres Inhalts mit den von *Carl Schmitt* herausgestellten „konkreten politischen Entscheidungen" eines Volkes vergleichen, die nach *Schmitts* Definition „die politische Daseinsform des Volkes angeben"[2].

Als Beispiele für Grundentscheidungen eines Staates nennt *Löwenstein* u. a. die Wahl zwischen freiem Handel und staatlichem Protektionismus, den Eintritt in ein Bündnissystem, die Verlagerung des Schwergewichts von der landwirtschaftlichen zur industriellen Wirtschaft[3]. Die Einführung einer allgemeinen Wehrpflicht gehört ebenfalls hierher.

Das geltende Verfassungsrecht enthält in mehreren Bestimmungen Aussagen über Grundentscheidungen des Staates[4]: Art. 20 Abs. 1 GG, wonach die Bundesrepublik Deutschland ein demokratischer und sozialer Bundesstaat ist, manifestiert z. B. die Grundentscheidung für einen föderalistischen Staatsaufbau. In dem Verbot von Angriffskriegen gemäß

---

[1] Verfassungslehre, S. 39 ff.
[2] Vgl. Verfassungslehre, S. 20 ff.
[3] AaO, S. 41.
[4] Vgl. hierzu Bachof, Verfassungswidrige Verfassungsnormen, S. 25 Fußn. 42.

Art. 26 GG wird die Grundentscheidung der Bundesrepublik Deutschland für ein friedliches Zusammenleben der Völker erkennbar.

Von den Grundentscheidungen sind die *zweitrangigen* Entscheidungen und Maßnahmen des Staates zu trennen[5]. Zu letzteren rechnen namentlich alle die Akte, die Grundentscheidungen im einzelnen vollziehen und ausführen. Zweitrangige Akte sind ferner z. B. Gesetze mit rein utilitärem Charakter, beispielsweise Vorschriften, die das Gesundheitswesen oder die öffentliche Sicherheit und Ordnung betreffen[6]. Die Abgrenzung der zweitrangigen von den grundlegenden und richtungweisenden Entscheidungen kann freilich im Einzelfall schwierig sein; sie ist jedoch grundsätzlich möglich. Ist der Rang einer staatlichen Entscheidung zu bestimmen, so ist zunächst von den in der Verfassung zum Ausdruck gekommenen Grundentscheidungen auszugehen. Sie haben insoweit als Maßstab zu dienen. Eine konkrete Entscheidung kann nur dann als Grundentscheidung betrachtet werden, wenn sie sich hinsichtlich ihrer Bedeutung für Gegenwart und Zukunft des Staates mit jenen vergleichen läßt. Ferner bieten Art und Ausmaß der Wirkungen einer bestimmten Entscheidung auf verschiedene Bevölkerungsschichten, Interessenverbände oder politische Parteien Anhaltspunkte dafür, ob eine Entscheidung für den Staat grundlegend und richtungweisend ist[7]. Schließlich kann auch das Interesse, das eine Entscheidung bei der öffentlichen Meinung findet, für die Abgrenzung der Grundentscheidungen von zweitrangigen Maßnahmen herangezogen werden[8]. Dabei muß man freilich sehr vorsichtig sein. Die öffentliche Meinung spielt zwar in der heutigen pluralistischen Gesellschaft eine nicht zu unterschätzende Rolle. Es darf jedoch nicht übersehen werden, daß die Aufmerksamkeit der öffentlichen Meinung nicht selten nur von kurzer Dauer ist und sich zudem auch manipulieren läßt.

Die Grundentscheidungen bedürfen in der Regel eines Gesetzgebungsaktes, um im einzelnen formuliert und verwirklicht zu werden[9]. Das aus ihnen hervorgegangene Gesetz ist dann für alle Staatsorgane und auch für die Staatsbürger verbindlich, soweit es sich auf ihr rechtliches Verhalten bezieht. Auch die in verschiedenen Vorschriften des Grundgesetzes enthaltenen Grundentscheidungen haben erst durch ihre Aufnahme in die Verfassung bindende Wirkung erlangt[10]. Die Aussagen des Grundgesetzes über die Grundentscheidungen sind Normen und als solche gel-

---

[5] Vgl. Löwenstein, ebenda.
[6] Vgl. Löwenstein, aaO, S. 43.
[7] Siehe Löwenstein, aaO, S. 41.
[8] Vgl. Löwenstein, ebenda.
[9] Vgl. Löwenstein, aaO, S. 42.
[10] Vgl. Bachof, ebenda, und Jesch, Gesetz, S. 68 Fußn. 140.

4. Kapitel: Beschlüsse in den staatlichen Tätigkeitsbereichen

tendes Recht[11]. So darf die Bundesregierung z. B. nichts unternehmen, was geeignet ist, das friedliche Zusammenleben der Völker zu stören.

Vielfach müssen die grundlegenden und richtungweisenden Entscheidungen noch durch zweitrangige Maßnahmen und Akte konkretisiert und ausgeführt werden. Mitunter entfalten auch nur diese zweitrangigen Entscheidungen unmittelbar rechtserhebliche Außenwirkungen gegenüber Rechtsträgern. So erfordert z. B. der Eintritt in ein Bündnissystem noch den Abschluß von Verträgen mit auswärtigen Staaten, um in die Praxis umgesetzt zu werden[12]. Rechtliche Wirkungen im Außenverhältnis gehen lediglich von diesen Verträgen und den Zustimmungsgesetzen aus, soweit solche nach der Verfassung notwendig sind.

2. Die Grundentscheidung als Aufgabe des Parlaments und der Regierung

Nach der grundgesetzlichen Ordnung teilen sich Parlament und Regierung in die Aufgabe, die Grundentscheidungen des Staates zu fällen[13]. Die Grundentscheidungen sind wegen ihrer für die Gegenwart und die Zukunft des Staates richtungweisenden Bedeutung Akte der obersten Zielsetzung und der Selbstbestimmung, m. a. W. der Oberleitung des Staates im ganzen. Sie gehören damit zur Regierung im funktionellen Sinne[14], die als „Gesamtführung des Staates"[15] zu begreifen ist[16]. Die Oberleitung des Staates steht aber nicht nur der Regierung im institutionellen Sinne, sondern auch dem Parlament zu[17]. Dies ergibt sich aus einer Reihe von Vorschriften des Grundgesetzes, nach denen das Parlament in Form eines schlichten Beschlusses oder eines Gesetzes staatsleitende Entscheidungen zu treffen hat. Beispiele sind hierfür die Wahl und die Abberufung des Bundeskanzlers, die Feststellung des Eintretens des Verteidigungsfalles und die Entscheidung über den Friedensschluß durch Gesetz gemäß Art. 59 a GG[18].

---

[11] Vgl. dieselben, ebenda, und Kägi, Verfassung, S. 129, in Ablehnung der von Carl Schmitt, aaO, S. 20 ff (24), zu den konkreten politischen Entscheidungen vertretenen Ansicht, nach der diese selbst gelten und die Aussagen der Verfassung über sie keine Gesetze und Normen sind.
[12] Vgl. zur Ausführung der Grundentscheidungen Löwenstein, aaO, S. 43.
[13] Vgl. hierzu allgemein Löwenstein, aaO, S. 42 f.
[14] Von der Regierung als Funktion ist die Regierung als Institution zu unterscheiden, worunter das Staatsorgan zu verstehen ist, das sich aus dem Regierungschef und den Ministern zusammensetzt; vgl. dazu Friesenhahn, VVDStRL 16, 33 Fußn. 60.
[15] Dahm, Recht, S. 307.
[16] Vgl. Scheuner, SmendF I, S. 268, 276 ff, und SmendF II, S. 259 f; Dahm, aaO, S. 307 f.
[17] Vgl. Friesenhahn, aaO, S. 37 f, 67 f (Leitsatz I 13); Scheuner, SmendF I, S. 267 f, und SmendF II, S. 260.
[18] Wegen des staatsleitenden Charakters der aufgeführten Akte vgl. statt aller Dahm, ebenda, und Maunz-Dürig, Rdn. 12 und 20 zu Art. 59 a GG.

Die Initiative zu einer Grundentscheidung kann sowohl von der Regierung als auch vom Parlament kommen. Da jedoch einzelne oder eine kleinere Gruppe von Personen eher als eine Fraktion des Parlaments in der Lage sind, solche Entscheidungen im einzelnen auszuarbeiten und ihnen Gestalt zu geben, wird in der Regel die Regierung die Grundentscheidungen einleiten[19]. Der Impuls zu derartigen Entscheidungen wird nicht selten auch von den Richtlinien der Politik ausgehen, die vom Regierungschef aufgestellt werden. Art. 65 GG besagt allerdings nicht, daß etwa der Bundeskanzler allein die Grundentscheidungen zu fällen hat. Die letzte Entscheidung liegt stets beim Parlament, das durch seinen Entschluß die Verantwortung mit übernimmt. Das Parlament kann das zu der Formulierung und Verwirklichung des Vorschlages der Regierung notwendige Gesetz verabschieden oder ablehnen[20].

3. Grundentscheidungen als Gegenstand schlichter Parlamentsbeschlüsse

Der Bundestag hat wiederholt in schlichten Beschlüssen seinen Willen zu Fragen geäußert, die für die Gestaltung und Zielsetzung der Bundesrepublik Deutschland in Gegenwart und Zukunft grundlegend und richtungweisend sind.

Beispiele sind die Beschlüsse zu einem Europäischen Bundespakt, zur Wiedervereinigung Deutschlands und ferner auch die Beschlüsse zur Saarfrage. Es sei jeweils ein Beschluß herausgegriffen und seinem wesentlichen Inhalt nach wiedergegeben.

In einem Beschluß zum Europäischen Bundespakt heißt es:

„In der Überzeugung, daß die gegenwärtige Zersplitterung Europas in souveräne Einzelstaaten die europäischen Völker von Tag zu Tag mehr in Elend und Unfreiheit führen muß, tritt der Bundestag für einen europäischen Bundespakt ein, wie ihn die Präambel und der Art. 24 des Grundgesetzes vorsehen"[21].

Ein Beschluß zur Wiedervereinigung lautet:

„Der Bundestag erklärt erneut die Wiederherstellung der deutschen Einheit in einem freien und geeinten Europa als das oberste Ziel der deutschen Politik"[22].

---

[19] Vgl. Löwenstein, aaO, S. 42.
[20] Vgl. Friesenhahn, aaO, S. 36. Löwensteins Ansicht, aaO, S. 94, wonach die Grundentscheidungen vom Bundeskanzler allein gefällt werden und dann von der disziplinierten Parlamentsmehrheit nach seinen Befehlen in Gesetze umgeformt werden, kann deshalb nicht gefolgt werden; vgl. auch Guradze, NJW 1962, 331, nach dessen Meinung Löwensteins Urteil doch etwas übertrieben zu sein scheint.
[21] StenBer d. 1. Wahlp., S. 2837 — Drucks. 1193; weitere Stellennachweise siehe oben S. 18 Fußn. 6 und 7.
[22] StenBer d. 1. Wahlp., S. 8799 — Drucks. 3277; weitere Stellennachweise siehe oben S. 18 Fußn. 8.

4. Kapitel: Beschlüsse in den staatlichen Tätigkeitsbereichen

Ein Beschluß zur Saarfrage begann z. B. folgendermaßen: „Das Saargebiet ist nach Völkerrecht deutsches Staatsgebiet"[23].

Die Beschlüsse decken sich ihrem Gegenstande nach mit den im Grundgesetz verankerten Grundentscheidungen für ein Bündnissystem zur Einigung Europas und für die friedliche Wiedervereinigung Deutschlands. Diese Grundentscheidungen kommen im einzelnen in der Präambel sowie in den Art. 24 und 26 GG zum Ausdruck. Nach der Präambel ist das deutsche Volk beseelt von dem Willen, seine nationale und staatliche Einheit zu wahren und als gleichberechtigtes Glied in einem vereinten Europa der Welt zu dienen; es bleibt aufgefordert, in freier Selbstbestimmung die Einheit und Freiheit Deutschlands zu vollenden. Nach Art. 24 GG kann sich der Bund zur Wahrung des Friedens in ein kollektives Sicherheitssystem einordnen; Art. 26 GG verbietet schließlich die Vorbereitung von Angriffskriegen.

Die Beschlüsse zu einem Europäischen Bundespakt, zur Wiedervereinigung Deutschlands und zur Saarfrage zeichnen sich vor anderen Beschlüssen[24] ferner durch ihren Wortlaut aus. Es heißt in ihnen nicht etwa, die Bundesregierung werde „ersucht", „aufgefordert" o. ä.[25], sondern lapidar und definitiv: „Der Bundestag *tritt ein*", „Der Bundestag *erklärt* die Wiederherstellung der deutschen Einheit als das oberste Ziel der deutschen Politik", „Das Saargebiet *ist*[26] deutsches Staatsgebiet". Diese Formulierungen bekunden den Willen der Volksvertretung, das Handeln des Staates in dem von ihr gewünschten Sinne bindend festzulegen; sie sind nicht nur „zweitrangige" Entschlüsse im Rahmen der Staatsleitung. Die Beschlüsse können deshalb auch nicht als nur unverbindlich gewollte Stellungnahmen oder feierliche Erklärungen zu aktuellen Fragen der Politik angesehen werden; sie müssen als verbindlich gewollte Beschlüsse des Parlaments bewertet werden.

4. Verbindlichkeit der schlichten Parlamentsbeschlüsse, die Grundentscheidungen darstellen

Sind die wiedergegebenen Beschlüsse als verbindlich gewollt zu deuten, stellt sich die Frage, ob sie die vom Parlament erstrebte Rechtswirkung nun auch nach der Verfassung entfalten können[27].

---

[23] StenBer d. 1. Wahlp., S. 8875 — Drucks. 3315; weitere Stellennachweise siehe oben S. 18 Fußn. 9.
[24] Vgl. dazu die Zusammenstellung von Beispielen für schlichte Parlamentsbeschlüsse oben S. 19 ff.
[25] Vgl. hierzu oben 2. Kap., IV.
[26] Hervorhebungen vom Verfasser.
[27] Vgl. oben S. 39.

68   2. Teil: Rechtmäßigkeit und Wirkungen

Die von der herrschenden Meinung allgemein gegen die Verbindlichkeit schlichter Parlamentsbeschlüsse vorgebrachten Gesichtspunkte können hier nicht durchgreifen: Die Bestimmung des Art. 65 GG ist überhaupt nicht geeignet, um aus ihr Rechtsregeln für die Verbindlichkeit bzw. Unverbindlichkeit schlichter Parlamentsbeschlüsse zu gewinnen[28]. — Das Gewaltenteilungsprinzip steht lediglich einer Verbindlichkeit von Beschlüssen entgegen, die den Gesetzesvollzug durch Einzelakte gegenüber Rechtsträgern betreffen[29]. Die angeführten Beschlüsse befassen sich aber nicht mit dem Erlaß gesetzesvollziehender Einzelakte; sie tangieren damit nicht die Kernfunktion der Exekutive. — Das Gesetzmäßigkeitsprinzip, das höchstens im Sinne der Vorbehaltskomponente in Betracht kommen könnte, kann deshalb keine Anwendung finden, weil die Beschlüsse nicht im Außenverhältnis wirken und nicht unmittelbar den Rechtskreis von Rechtsträgern berühren sollen[30]; sie sollen lediglich die Bundesregierung staatsintern binden. Die Grundentscheidungen bedürfen noch der sie konkretisierenden und ausführenden Maßnahmen und Akte, die dann gegebenenfalls rechtliche Außenwirkung entfalten. Wegen der fehlenden Gesetzesform ist daher in diesen Fällen eine Verbindlichkeit nicht von vornherein abzulehnen, mag auch in der Regel eine Grundentscheidung in einem Gesetz formuliert und realisiert werden, um zugleich die unter Umständen gewünschte unmittelbar rechtserhebliche Außenwirkung erlangen zu können. — Eine Verbindlichkeit der aufgeführten schlichten Parlamentsbeschlüsse scheitert schließlich nicht am Sinn und Zweck des parlamentarischen Regierungssystems. Die Beschlüsse sind Ausdruck von Entscheidungen, die auch das Parlament zu treffen hat und für die es mit die Verantwortung trägt[31].

Damit ist der für die Beurteilung der hier behandelten schlichten Parlamentsbeschlüsse maßgebliche Gesichtspunkt angesprochen: Die Beschlüsse sind Aussagen über Grundentscheidungen, die zu fällen Aufgabe und Befugnis des Parlaments sind. Außerdem kommt hinzu, daß nach dem Grundgesetz im Prinzip auch ein schlichter Parlamentsbeschluß als solcher geeignet ist, die Exekutive zu verpflichten[32]. Man wird daher Grundentscheidungen verkörpernde schlichte Parlamentsbeschlüsse als für die Exekutive verbindlich zu betrachten haben.

In diesem Zusammenhang ist allerdings noch darauf hinzuweisen, daß der *Bundesrat* an dem Zustandekommen eines schlichten Parlamentsbeschlusses nicht beteiligt ist und in diesem Stadium deshalb nicht die Interessen der Bundesländer wahrnehmen kann, die als Glieder des

---
[28] Vgl. oben 3. Kap., IV.
[29] Vgl. oben 3. Kap., I.
[30] Vgl. oben 3. Kap., II.
[31] Vgl. oben 3. Kap., III.
[32] Siehe oben S. 53.

4. Kapitel: Beschlüsse in den staatlichen Tätigkeitsbereichen   69

Bundes[33] bei jeder Grundentscheidung mitbetroffen sind. An der insoweit fehlenden Mitwirkung des Bundesrates kann jedoch die Verbindlichkeit eines eine Grundentscheidung darstellenden schlichten Parlamentsbeschlusses nicht scheitern. Der Bundesrat wirkt jedenfalls an der Ausführung der Grundentscheidungen mit, beispielsweise bei der Verabschiedung eines die Grundentscheidung konkretisierenden Gesetzes oder eines Zustimmungsgesetzes zu Verträgen mit auswärtigen Staaten gemäß Art. 59 Abs. 2 Satz 1 GG. Er ist dadurch in der Lage, die Belange der Bundesländer hinreichend zu vertreten.

Verbindlich gewollte Bundestagsbeschlüsse, die Grundentscheidungen zum Ausdruck bringen, sind demnach als rechtmäßig und rechtswirksam anzusehen[34].

Im einzelnen bedeutet die Verbindlichkeit z. B. der Beschlüsse zu einem Europäischen Bundespakt folgendes: Die Bundesregierung hat mit den Staaten Europas Verhandlungen zu führen mit dem Ziel, eine europäische Einigung herbeizuführen. Sie ist ferner verpflichtet, die für den Aufbau eines Bündnissystems nötigen Verträge auszuarbeiten und abzuschließen. Sie hat endlich alles zu unterlassen, was zu einer Isolation der Bundesrepublik führen könnte.

Beispiele für Akte und Maßnahmen, die zur Ausführung und Konkretisierung der Grundentscheidungen erforderlich sind und rechtliche Außenwirkung entfalten, sind die mit Zustimmung des Bundestages (und Bundesrates) abgeschlossenen Verträge über die Europäische Gemeinschaft für Kohle und Stahl vom 18. 4. 1951[35], über die Europäische Wirtschaftsgemeinschaft vom 25. 3. 1957[36] und die Gründung der Europäischen Atomgemeinschaft vom 25. 3. 1957[37] sowie das Abkommen über gemeinsame Organe für die Europäischen Gemeinschaften vom 25. 3. 1957[38]. Die rechtlichen Außenwirkungen bestehen bei dem Vertrag über die Europäische Wirtschaftsgemeinschaft z. B. darin, daß seine Vorschriften über das Diskriminierungsverbot (Art. 7), das Kartell- und Monopolrecht (Art. 85, 86), das Auskunftsrecht der Kommission (Art. 213) sowie das Schadensersatzrecht (Art. 215) für alle betroffenen Bürger und Unternehmen in den Mitgliedstaaten, also auch in der Bundesrepublik Deutschland, „ohne Einschaltung der Mitgliedstaaten in direktem Durchgriff" Rechte und Pflichten begründen[39].

---

[33] Vgl. dazu das Urt. d. BVerfG v. 11. 7. 1961 — BVerfGE 13, 54 (77 ff) —, in dem sich das Gericht für den sogenannten zweigliedrigen und gegen den sogenannten dreigliedrigen Bundesstaatsbegriff entschieden hat.
[34] Vgl. dazu oben S. 39, 42.
[35] BGBl. II, 445, und BGBl. 1960, II, 1573.
[36] BGBl. II, 766.
[37] BGBl. II, 1014.
[38] BGBl. II, 1165.
[39] Vgl. Ipsen-Nicolaysen, NJW 1963, 1717.

II. Auswärtige Angelegenheiten

1. Begriffsbestimmungen

Bevor die Verteilung der Befugnisse und Zuständigkeiten in dem Bereich der auswärtigen Angelegenheiten auf Parlament und Exekutive erörtert wird, sind zunächst die Begriffe „Auswärtige Angelegenheiten", „Auswärtige Gewalt" und „Außenpolitik" zu klären.

Unter „Auswärtigen Angelegenheiten" sind die Rechtsbeziehungen des Staates als unteilbarer Gesamtperson zu anderen Völkerrechtssubjekten auf der Basis der Völkerrechtsordnung zu verstehen[1]. Die auswärtigen Angelegenheiten sind danach als ein besonderer staatlicher Tätigkeitsbereich zu begreifen[2].

„Auswärtige Gewalt" bedeutet die Zuständigkeit, über die auswärtigen Angelegenheiten zu entscheiden[3]. Die auswärtige Gewalt ist keine vierte Gewalt neben den drei klassischen Gewalten des herkömmlichen Gewaltenteilungsschemas. Sie bezeichnet lediglich die Dispositionsbefugnis über einen bestimmten staatlichen Tätigkeitsbereich[4], nämlich den der auswärtigen Angelegenheiten. Im einzelnen ist zu trennen zwischen der Zuständigkeit zur Erklärung des Staatswillens nach außen, m. a. W. der Repräsentation des Staates, und der Zuständigkeit zur internen Mitwirkung an der Willensbildung des Staates[5].

Mit dem Begriff „Außenpolitik" wird schlechthin der Bereich der Darstellung des gesamten Staates nach außen umschrieben[6].

2. Die auswärtige Gewalt als „kombinierte" Gewalt

Das Grundgesetz behandelt die auswärtigen Angelegenheiten namentlich in Art. 73 Nr. 1 (ausschließliche Gesetzgebungskompetenz des Bundes über die auswärtigen Angelegenheiten), Art. 32 (Zuständigkeit des Bundes zur Pflege der Beziehungen zu auswärtigen Staaten), Art. 59 (Zuständigkeitsverteilung innerhalb der Bundesorganisation), Art. 59a (Feststellung des Eintretens des Verteidigungsfalles und Friedensschluß) und Art. 123 Abs. 2 (Inkraftbleiben der vom Deutschen Reich abgeschlossenen Staatsverträge)[7]. Diese grundgesetzliche Regelung ist allerdings nicht erschöpfend. Wesentliche Akte der auswärtigen Gewalt, wie beispielsweise die Anerkennung fremder Staaten, der Protest, Neutralitäts-

---

[1] Vgl. Mosler, BilfingerF, S. 253, und Maunz-Dürig, Rdn. 1 zu Art. 32 GG.
[2] Vgl. Mosler, aaO, S. 247, 251.
[3] Vgl. Mosler, aaO, S. 246, 251, und Maunz-Dürig, ebenda.
[4] Vgl. dieselben, ebenda.
[5] Siehe Mosler, ebenda.
[6] Vgl. Scheuner, SmendF I, S. 276, und Mosler, aaO, S. 254.
[7] Vgl. Mosler, aaO, S. 252.

4. Kapitel: Beschlüsse in den staatlichen Tätigkeitsbereichen

erklärungen oder die Anordnung von Vergeltungsmaßnahmen, werden nicht erwähnt[8].

Von diesen Normen des Grundgesetzes interessieren hier allein die Art. 59 und 59a, da sie die Zuständigkeiten innerhalb der Bundesorganisation festlegen und damit insoweit auch das Verhältnis der gesetzgebenden Körperschaften zur Exekutive bestimmen. Gemäß Art. 59 Abs. 1 Satz 1 und 2 vertritt der Bundespräsident den Bund völkerrechtlich; er schließt im Namen des Bundes die Verträge mit auswärtigen Staaten. Nach Art. 59 Abs. 2 Satz 1 bedürfen Verträge, die die politischen Beziehungen des Bundes regeln (sogenannte politische Verträge), und Verträge, die sich auf Gegenstände der Bundesgesetzgebung beziehen, eines Zustimmungsgesetzes. Art. 59a weist die Feststellung des Eintretens des Verteidigungsfalles und die Entscheidung über den Friedensschluß dem Bundestag zu[9]; er schreibt vor, daß der Bundespräsident völkerrechtliche Erklärungen über das Bestehen des Verteidigungsfalles (z. B. Kriegserklärungen) erst abgeben darf, nachdem der Bundestagsbeschluß verkündet worden ist, der das Eintreten des Verteidigungsfalles festgestellt hat[10]. Im übrigen aber ruht das Schwergewicht der auswärtigen Gewalt bei der Bundesregierung; sie hat generell bei den auswärtigen Angelegenheiten die Führung, allerdings beschränkt durch die Befugnisse des Bundespräsidenten und der gesetzgebenden Körperschaften[11].

Hiernach sind grundsätzlich Bundespräsident und Bundesregierung für die Repräsentation zuständig; die interne Willensbildung des Staates kommt bei den auswärtigen Angelegenheiten dem Bundestag (gegebenenfalls zusammen mit dem Bundesrat) und der Bundesregierung zu[12].

Da neben der Bundesregierung auch der Bundestag an der internen Willensbildung des Staates mitwirkt, ist umstritten, zu welcher der drei Gewalten im Sinne des Gewaltenteilungsschemas die auswärtige Gewalt zu rechnen ist[13]. Die herrschende Lehre ordnet die auswärtige Gewalt der Exekutive zu[14]. Ähnlich hat das *Bundesverfassungsgericht* in mehreren Entscheidungen die ausschließliche Zuständigkeit der Exekutive für die Ausübung der auswärtigen Gewalt hervorgehoben und in der

---

[8] Siehe dazu u. a. Mosler, ebenda, und Eberhard Menzel, Bonner Kommentar, Anm. II 1 zu Art. 59 Abs. 1 GG.
[9] An der Entscheidung über den Friedensschluß ist der Bundesrat beteiligt, da sie in Gesetzesform ergeht (Art. 59a Abs. 4).
[10] Zur verpflichtenden Wirkung dieses Bundestagsbeschlusses siehe oben S. 53.
[11] Vgl. Mosler, aaO, S. 288.
[12] Siehe hierzu Mosler, aaO, S. 251, 263f, 292f, 295.
[13] Vgl. die zusammenfassende Darstellung des Streitstandes bei Erich Kaufmann, JellinekF, S. 445ff, und ferner bei Mosler, aaO, S. 248f, Grewe und Eberhard Menzel, VVDStRL 12, 130—136 und 185f, 194f.
[14] Vgl. Maunz-Dürig, Rdn. 8 und 9 zu Art. 32 GG.

Regelung des Art. 59 Abs. 2 Satz 1 GG eine Durchbrechung des Gewaltenteilungsgrundsatzes gesehen[15].

Richtiger dürfte jedoch die These von *Eberhard Menzel* sein, nach der die auswärtige Gewalt als eine gemeinsame Aufgabe von Exekutive und Parlament und mithin als eine „kombinierte" Gewalt aufzufassen ist[16]. Hierfür spricht zweierlei: Mit dem Akt seiner Zustimmung zu bestimmten völkerrechtlichen Verträgen gemäß Art. 59 Abs. 2 Satz 1 GG nimmt das Parlament maßgeblich an der internen Willensbildung des Staates in auswärtigen Angelegenheiten teil; es übt damit auswärtige Gewalt aus[17]. Außerdem sind der (zustimmungsbedürftige) Abschluß sogenannter politischer Verträge, zu denen beispielsweise Bündnis-, Nichtangriffs-, Neutralitäts- und Abrüstungsverträge zu rechnen sind[18], die Feststellung des Eintretens des Verteidigungsfalles sowie der Friedensschluß die schwerwiegendsten Entschlüsse im Bereich der auswärtigen Angelegenheiten; sie berühren die Stellung des Staates in der Staatengemeinschaft, seine territoriale Integrität, unter Umständen schlechthin seine Existenz[19]. Bei dieser rechtlichen Situation die auswärtige Gewalt ausschließlich der Exekutive zuzuordnen, wird deshalb der Sachlage nicht gerecht.

3. Einteilung der schlichten Parlamentsbeschlüsse und Beispiele

Die schlichten Parlamentsbeschlüsse im Bereich der auswärtigen Angelegenheiten können hinsichtlich ihres Gegenstandes mehrfach unterteilt werden. Sie lassen sich grundsätzlich in Beschlüsse zu völkerrechtlichen Verträgen und in solche zu einseitigen völkerrechtlichen Akten trennen. Beispiele hierfür sind jeweils die beiden folgenden Bundestagsbeschlüsse:

„Die Bundesregierung wird ersucht, eine vertragliche Regelung mit Frankreich wegen jugendlicher Fremdenlegionäre zu treffen"[20].

„Der Bundestag erklärt sich mit der Aufnahme diplomatischer Beziehungen zwischen der Bundesrepublik und der UdSSR einverstanden"[21].

---

[15] Vgl. z. B. das Urt. v. 29. 7. 1952 — BVerfGE 1, 369. Weitere Nachweise finden sich bei Eberhard Menzel, AöR 79, 345 f, der eine Zusammenstellung der Bundesverfassungsgerichtsentscheidungen gibt.
[16] VVDStRL 12, 194 f, 197, 218, und AöR 79, 348.
[17] So Mosler, aaO, S. 295, und VVDStRL 12, 239; Hans Schneider, VVDStRL 12, 248 f; Erich Kaufmann, aaO, S. 451 f.
[18] Vgl. BVerfGE 1, 372 (381).
[19] Vgl. BVerfG, ebenda; Eberhard Menzel, AöR 79, 348.
[20] StenBer d. 3. Wahlp., S. 3266 — Drucks. 641.
[21] StenBer d. 2. Wahlp., S. 5670. Siehe Eberhard Menzel, Bonner Kommentar, Anm. II 1 zu Art. 59 Abs. 1 GG, wonach die Erklärung über die Aufnahme bzw. den Abbruch diplomatischer Beziehungen einseitige Akte sind.

4. Kapitel: Beschlüsse in den staatlichen Tätigkeitsbereichen

Die parlamentarischen Willensäußerungen zu Verträgen können weiter danach unterschieden werden, ob sie auf die Einleitung von Vertragsverhandlungen seitens der Bundesregierung oder, wenn schon Verhandlungen geführt werden, darauf gerichtet sind, den Inhalt der Abmachungen zu bestimmen. Zwei Beispiele mögen dies verdeutlichen:

„Der Bundestag fordert die Bundesregierung auf, mit den Großmächten über die Wiedervereinigung, freie Wahlen und einen Friedensvertrag zu verhandeln"[22].

„Die Bundesregierung wird aufgefordert, bei der weiteren Behandlung der Saarfrage von folgenden Grundsätzen auszugehen:

1. ...

2. ...

3. daß bei Vertragsverhandlungen und Vertragsabschlüssen durch die Bundesrepublik im Hinblick auf das Saargebiet das Recht in dem Sinne wiederherzustellen ist, daß

a) innerhalb des Saargebiets freiheitliche, demokratische Zustände geschaffen werden;

b) der de facto-Abtrennung des Saargebiets von Deutschland ein Ende gemacht und seine Zugehörigkeit zu Deutschland beachtet wird"[23].

Schließlich ist noch eine Einteilung möglich in Beschlüsse, die sich auf politische Verträge und auf einseitige staatsleitende völkerrechtliche Handlungen, wie z. B. Neutralitäts- sowie Kriegserklärungen oder die Anerkennung fremder Staaten[24], beziehen, und in solche Beschlüsse, die Akte nicht-staatsleitender Natur betreffen, wie z. B. Verwaltungsabkommen, die gemäß Art. 59 Abs. 2 Satz 2 GG keiner Zustimmung des Bundestages bedürfen. Der Beschluß zur Behandlung der Saarfrage und die Aufforderung an die Bundesregierung, mit den Großmächten über die Wiedervereinigung usw. zu verhandeln, sind Beispiele für Beschlüsse der ersten Gruppe, während zur zweiten Gruppe folgender Beschluß zu rechnen ist:

„Die Bundesregierung wird ersucht, mit Frankreich wegen der Wiederherstellung der Eisenbahnbrücke über den Rhein zwischen Breisach und Neubreisach zu verhandeln"[25].

---

[22] StenBer d. 1. Wahlp., S. 13 258/13 264.
[23] StenBer d. 1. Wahlp., S. 13 938 — Drucks. 4436.
[24] Vgl. hierzu Eberhard Menzel, Bonner Kommentar, ebenda, und AöR 79, 348; Scheuner, aaO, S. 284; Dahm, Recht, S. 308. Weitere einseitige völkerrechtliche Akte staatsleitenden Charakters sind beispielsweise die Anerkennung fremder Regierungen und Waffenstillstandserklärungen; vgl. Scheuner, ebenda.
[25] StenBer d. 3. Wahlp., S. 5918 — Drucks. 1389.

Neben allen diesen bisher zitierten Bundestagsbeschlüssen gibt es in auswärtigen Angelegenheiten schließlich noch eine Reihe von Beschlüssen, in denen sich der Bundestag nicht an die Bundesregierung, sondern unmittelbar an auswärtige Staaten gewandt hat. Ein Beispiel hierfür ist nachstehender Beschluß:

„Der Bundestag appelliert an die Regierung der UdSSR, ihre Verpflichtung zur Wiedervereinigung Deutschlands zu erfüllen"[26].

Solche Beschlüsse berühren nun zwar nicht die interne Willensbildung des Staates und deshalb auch nicht das Verhältnis des Parlaments zur Exekutive; sie bringen vielmehr die „Stimme des deutschen Volkes gegenüber dem Ausland zum Ausdruck". Damit erweisen sie sich als *Akte der Repräsentation* der Bundesrepublik durch den Bundestag[27]. Sie gehören mithin an sich nicht in den Rahmen von Erörterungen, die sich mit der Bedeutung der schlichten Parlamentsbeschlüsse für die Exekutive befassen. Wenn sie trotzdem hier behandelt werden, so geschieht dies deshalb, weil sie hinsichtlich ihres Adressaten nur im Bereich der auswärtigen Angelegenheiten zu finden sind und sich ihre Untersuchung in einem gesonderten Abschnitt nicht empfiehlt.

4. Verbindliche Beschlüsse im Zusammenhang mit politischen Verträgen

a) Befugnis zu verbindlichen Einleitungsbeschlüssen

Ausgangsbasis für die rechtliche Beurteilung der schlichten Parlamentsbeschlüsse ist, um es nochmals zu wiederholen, stets die jeweilige Verteilung der Befugnisse und Zuständigkeiten auf Parlament und Exekutive. Bei den schlichten Parlamentsbeschlüssen, die die Bundesregierung zur Einleitung von Verhandlungen zum Abschluß eines politischen Vertrages veranlassen sollen, ist deshalb an die Regelung des Zustimmungsgesetzes und die prinzipiell freie Disposition der Bundesregierung über die Initiative in auswärtigen Angelegenheiten anzuknüpfen[28].

Es ist grundsätzlich Sache der Bundesregierung zu entscheiden, ob Vertragsverhandlungen mit einem auswärtigen Staat eingeleitet und der Abschluß von vertraglichen Vereinbarungen vorbereitet werden sollen. Die Bundesregierung ist hierbei nicht von einer parlamentarischen Anregung abhängig und auch nicht auf eine besondere Ermächtigung durch die Volksvertretung angewiesen, wenn sie tätig werden will. Der abzuschließende Vertrag bedarf vor seiner Ratifikation durch den Bun-

---

[26] StenBer d. 2. Wahlp., S. 6188 — Drucks. 1909.
[27] Vgl. Mosler, BilfingerF, S. 296.
[28] Vgl. zur Dispositionsbefugnis der Bundesregierung Mosler, aaO, S. 288 f.

4. Kapitel: Beschlüsse in den staatlichen Tätigkeitsbereichen

despräsidenten jedoch noch der Zustimmung des Bundestages (mit Bundesrat), und zwar in der Form eines Gesetzes. Die Rechtsnatur dieses Zustimmungsgesetzes ist im einzelnen umstritten[29]. Nach der herrschenden Meinung hat das Gesetz eine doppelte rechtliche Wirkung: Es ermächtigt einmal den Bundespräsidenten zur Ratifikation und transformiert zum andern den Vertragsinhalt in innerstaatliches deutsches Recht mit der Folge, daß dieser Vertragsinhalt für die staatlichen Organe und auch für die Staatsbürger verbindlich wird, sofern er ihr rechtliches Verhalten betrifft[30]. Der Rechtsnatur des Zustimmungsgesetzes braucht allerdings nicht weiter nachgegangen zu werden; hier interessiert allein die Bedeutung des Erfordernisses einer Zustimmung als solcher.

Die Notwendigkeit der Zustimmung (in Form eines Gesetzes) beschränkt die Dispositionsbefugnis der Bundesregierung. Will die Regierung zu einem Vertragsabschluß gelangen, so muß ihr Handeln stets derart gestaltet sein, daß der Bundestag (mit Bundesrat) ihm am Ende zustimmt[31]. Die Zustimmung ist danach gleichsam „Gesamtbilligung eines Aktes der Regierung"; sie kann als Akt der „Kontrolle in einem weiteren Sinne" bezeichnet werden[32].

Sinn und Zweck der parlamentarischen Zustimmung dürfen aber nicht allein in der Funktion einer Kontrolle der Regierung gesehen werden. Das Parlament übt auswärtige Gewalt aus, indem es dem abzuschließenden Vertrag seine Zustimmung erteilt oder versagt. Berücksichtigt man ferner Wesen und Gegenstand der politischen Verträge, dann stellt sich die Tätigkeit des Parlaments als Leitung des Staates dar[33]. Die Einrichtung des Zustimmungsgesetzes gibt demnach dem Bundestag auf, an der Führung und Selbstbestimmung des Staates als Ganzen teilzunehmen. Die geschriebene Verfassung erweist sich indes als unvollkommen. Der Bundestag kann die ihm obliegenden staatsleitenden Entscheidungen nur treffen, wenn die Bundesregierung mit auswärtigen Staaten Verhandlungen eingeleitet hat, die zu einem dem Bundestag zur Zustimmung vorgelegten Vertragsentwurf geführt haben. Der Bundestag kann nicht selbst Verhandlungen mit auswärtigen Staaten beginnen und einen Vertrag ausarbeiten, weil dafür allein die Bundesregierung zuständig ist[34]. Bei Untätigkeit der Regierung kann daher das Parlament der ihm zugewiesenen Aufgabe nicht nachkommen.

---

[29] Vgl. die zusammenfassende Darstellung des Streitstandes bei v. Mangoldt-Klein, Anm. IV 7 zu Art. 59 GG.
[30] Vgl. v. Mangoldt-Klein, ebenda, und Ipsen, NJW 1963, 1380.
[31] Vgl. Mosler, aaO, S. 295.
[32] Siehe Erich Kaufmann, aaO, S. 451; vgl. auch Mosler, ebenda, und Grewe, VVDStRL 12, 262.
[33] Vgl. hierzu BVerfGE 1, 372 (395), wonach die Zustimmung der gesetzgebenden Körperschaften gemäß Art. 59 Abs. 2 GG nach Wesen und Inhalt ein Regierungsakt in der Form eines Gesetzes ist. Siehe auch Grewe, aaO, S. 135 f.
[34] Siehe Mosler, aaO, S. 289.

Die Regelung des Zustimmungsgesetzes erfüllt hiernach erst dann ihren Sinn und Zweck, wenn man aus ihr die ungeschriebene Kompetenz des Bundestages herleitet, mittels schlichter Beschlüsse die Bundesregierung zur Einleitung von Vertragsverhandlungen zu verpflichten. Der Gewaltenteilungsgrundsatz steht einer solchen Befugnis des Parlaments nicht entgegen, weil nach der grundgesetzlichen Verteilung der Zuständigkeiten und Befugnisse Parlament und Regierung gemeinsam an der internen Willensbildung des Staates in auswärtigen Angelegenheiten mitwirken. Ebenso kann das Gesetzmäßigkeitsprinzip weder im Sinne der Vorrang- noch der Vorbehaltskomponente auf die Einleitungsbeschlüsse angewandt werden[35]. Aber auch der Sinn und der Zweck des parlamentarischen Regierungssystems können nicht gegen eine Befugnis des Parlaments sprechen, die Regierung zur Einleitung von Vertragsverhandlungen zu verpflichten. Denn die Ausübung der auswärtigen Gewalt sowie die Leitung des Staates im ganzen sind gemeinsame Aufgaben von Parlament und Regierung[36]; Entscheidung und Verantwortung wachsen damit der Regierung und dem Parlament zu[37]. Die ratio des parlamentarischen Regierungssystems läßt sich vielmehr eher für eine Befugnis des Parlaments im vorbezeichneten Sinne anführen. Durch das Recht des Bundestages, der Bundesregierung die Aufnahme von Vertragsverhandlungen mit auswärtigen Staaten bindend vorzuschreiben, wird zwar die grundsätzlich freie Initiative der Bundesregierung in auswärtigen Angelegenheiten eingeschränkt. Es läßt sich dies aber als eine Folge der Einrichtung des Zustimmungsgesetzes ansehen. — Schließlich kann auch die Bestimmung des Art. 65 GG nicht gegen eine derartige Befugnis des Bundestages vorgebracht werden, da sich aus ihr keine Rechtsregeln für die schlichten Parlamentsbeschlüsse ableiten lassen[38].

Demnach ist als Ergebnis festzustellen: Es besteht ein ungeschriebenes Recht des Bundestages, durch verbindliche schlichte Beschlüsse die Bundesregierung zur Einleitung von Verhandlungen mit auswärtigen Staaten zum Abschluß eines politischen Vertrages zu veranlassen. Verbindlich gewollte schlichte Parlamentsbeschlüsse sind insoweit rechtmäßig und rechtswirksam.

b) Befugnis zu verbindlicher Einflußnahme auf schwebende Vertragsverhandlungen

Auch die rechtliche Würdigung der zu schwebenden Vertragsverhandlungen gefaßten schlichten Parlamentsbeschlüsse wird von der Funktion

---
[35] Wegen der aus dem Gesetzmäßigkeitsprinzip zu gewinnenden Rechtsregeln siehe oben 3. Kap., II.
[36] Vgl. oben S. 65.
[37] Siehe dazu oben 3. Kap., III.
[38] Vgl. oben 3. Kap., IV.

4. Kapitel: Beschlüsse in den staatlichen Tätigkeitsbereichen

der parlamentarischen Zustimmung und der Befugnis der Bundesregierung bestimmt, die Verhandlungen mit auswärtigen Staaten zu führen. Alles das, was bisher bei der Erörterung der Einleitungsbeschlüsse über die rechtliche Bedeutung des Erfordernisses eines Zustimmungsgesetzes gesagt worden ist, gilt grundsätzlich auch für die Behandlung der Beschlüsse zu schwebenden Vertragsverhandlungen. Da jedoch hier in der Regel die Frage einer parlamentarischen Mitwirkung an Einzelheiten der inhaltlichen Gestaltung des abzuschließenden Vertrages im Vordergrund steht, ist außerdem vorab zu klären, ob und in welchem Umfang das Parlament in der Lage ist, noch bei der Beratung und Abstimmung über das von der Regierung einzubringende Zustimmungsgesetz[39] seine Vorstellungen zu verwirklichen.

Der Bundestag kann nicht den Text der dem Zustimmungsgesetz beigefügten Vertragsurkunde abändern, da sie mit einem fremden Partner ausgehandelt ist[40]. Ebenso sind Änderungsanträge zu dem Zustimmungsgesetz selbst unzulässig, wenn sie Bedingungen oder Auflagen hinsichtlich des beigefügten Vertrages enthalten[41]. Der Bundestag hat nur die Wahl, dem abzuschließenden Vertrag als unverändertem Ganzen zuzustimmen oder ihn in toto abzulehnen[42]; eine inhaltliche Gestaltung des Vertragsentwurfs nach eigenen Vorstellungen ist ihm insoweit verwehrt. Das Parlament kann daher der ihm aus dem Zustimmungsgesetz erwachsenden Aufgabe, über die Oberleitung und die Gesamtführung des Staates zu entscheiden, kaum gerecht werden, wenn seine Tätigkeit im Ergebnis lediglich in einem „Ja" oder „Nein" zu dem von der Regierung mit den Bevollmächtigten des Vertragspartners vereinbarten Vertragstext besteht.

Weiterhin ist zu bedenken, daß ein von der Bundesregierung vorbereiteter Vertragsabschluß nur zustandekommt, wenn ihm das Parlament zustimmt. Diese Billigung des Vertragsentwurfs ist aber allein dann zu erwarten, wenn dieser den Vorstellungen des Parlaments entspricht. Eine solche für den Abschluß eines Vertrages unerläßliche Übereinstimmung zwischen Parlament und Regierung wird am ehesten erreicht, wenn das Parlament im Stadium der Vertragsverhandlungen in wirksamer Weise durch eine Einflußnahme auf das Handeln der Regierung an der Ausarbeitung des Vertragswerkes teilnehmen kann.

---
[39] Siehe Mosler, aaO, S. 290.
[40] Vgl. Mosler, aaO, S. 293 f. Siehe auch § 78 Satz 3 GeschOBT: „Änderungsanträge zu Gesetzentwürfen sind nicht vor Schluß der ersten Beratung, zu Verträgen mit auswärtigen Staaten und ähnlichen Verträgen gemäß Art. 59 GG überhaupt nicht zulässig."
[41] Vgl. Mosler, ebenda.
[42] Erich Kaufmann, aaO, S. 452, spricht treffend von einer „en-bloc-Zustimmung".

Aus dem Sinn und Zweck des Zustimmungsgesetzes wird man demnach auch hier auf die ungeschriebene Kompetenz des Bundestages schließen dürfen, sich durch für die Bundesregierung verbindliche Beschlüsse in Vertragsverhandlungen einzuschalten und dadurch bei der inhaltlichen Gestaltung der geplanten Vereinbarungen mitzuwirken.

c) Verbindlichkeit der als Beispiele zitierten Bundestagsbeschlüsse

Die „Aufforderung" an die Bundesregierung, mit den Großmächten über die Wiedervereinigung und einen Friedensvertrag zu verhandeln, und der Beschluß zur „weiteren Behandlung der Saarfrage" sind jeweils ein Beispiel für die beiden Arten (Einleitungsbeschlüsse und Beschlüsse zu schwebenden Verhandlungen) von schlichten Parlamentsbeschlüssen, die sich auf den Abschluß politischer Verträge beziehen. Die Beschlüsse lauten zwar: „Der Bundestag fordert die Bundesregierung auf" bzw. „Die Bundesregierung wird aufgefordert". Sie können also nach ihrer Formulierung sowohl verbindlich als auch unverbindlich gewollt sein. Da aber im Zweifel die stärkere Form parlamentarischer Einflußnahme auf die Exekutive anzunehmen und das Parlament im Zusammenhang mit politischen Verträgen zu verbindlichen Beschlüssen befugt ist, sind die beiden Bundestagsbeschlüsse auch als verbindlich gewollt zu beurteilen[43]. Die genannten Beschlüsse sind rechtmäßig und rechtswirksam[44].

Praktisch ergab sich damit z. B. aus dem Beschluß zur Saarfrage für die Bundesregierung die rechtliche Verpflichtung, bei ihren Verhandlungen mit Frankreich für eine Rückgliederung des Saargebiets in die Bundesrepublik einzutreten und alles zu unterlassen, was zu einem endgültigen Verlust des Saargebiets für Deutschland hätte führen können.

5. Verbindliche Beschlüsse zu einseitigen völkerrechtlichen Akten staatsleitenden Charakters

An einseitigen staatsleitenden völkerrechtlichen Handlungen nennt das Grundgesetz nur die Kriegserklärung durch den Bundespräsidenten; sie setzt die vorherige Feststellung des Bundestages über das Eintreten des Verteidigungsfalles voraus (Art. 59 a). Andere einseitige völkerrechtliche Akte staatsleitenden Charakters werden im Grundgesetz nicht erwähnt. Vor allem fehlt — im Gegensatz zu den politischen Verträgen, bei denen das Grundgesetz generell die Mitwirkung des Bundestages in der Form des Zustimmungsgesetzes verlangt, — eine ausdrückliche Regelung, ob und in welcher Form der Bundestag bei einseitigen staatsleitenden völkerrechtlichen Akten beteiligt ist.

---

[43] Siehe hierzu oben 2. Kap., IV.
[44] Vgl. dazu oben S. 39, 42. Im Ergebnis ebenso Eberhard Menzel, VVDStRL 12, 195 f und 219 (Leitsatz A 2).

4. Kapitel: Beschlüsse in den staatlichen Tätigkeitsbereichen   79

Dennoch wird man auch hier dem Bundestag die Befugnis zusprechen können, durch verbindliche Beschlüsse die Exekutive zu bestimmten Maßnahmen zu veranlassen. Auszugehen ist dabei von der Vorschrift des Art. 59 a GG, die — als einzige Regelung der Beteiligung des Parlaments an einseitigen völkerrechtlichen Handlungen staatsleitenden Charakters — ebenfalls eine Verpflichtung der Exekutive (hier in der Person des Bundespräsidenten) festlegt, durch Abgabe der völkerrechtlichen Kriegserklärung dem Beschluß des Parlaments über die Feststellung des Verteidigungsfalles nachzukommen[45]. Hierin und in dem Erfordernis parlamentarischer Zustimmung zu politischen Verträgen nach Art. 59 Abs. 2 Satz 1 GG kommt derselbe Grundgedanke zum Ausdruck: Die Volksvertretung soll an der Oberleitung und Selbstbestimmung des Staates entscheidend teilnehmen; vor allem soll sie in einem derartigen Fall bei der internen Mitwirkung an der Willensbildung des Staates die maßgeblichen Entschlüsse fassen. Man wird deshalb dem Bundestag das Recht einräumen müssen, wie im Falle des Art. 59 a der Exekutive die Vornahme auch anderer einseitiger völkerrechtlicher Akte, soweit diese in ihrer Tragweite für den Staat als Ganzes der Kriegserklärung gleichkommen, wie z. B. eine Waffenstillstandserklärung, die Abgabe einer Neutralitätserklärung oder die Anerkennung eines fremden Staates, verbindlich vorzuschreiben.

Die von der herrschenden Meinung allgemein gegen eine Verbindlichkeit schlichter Parlamentsbeschlüsse angeführten Gesichtspunkte können hier ebensowenig durchgreifen wie bei den Beschlüssen zu politischen Verträgen.

6. Unverbindliche Beschlüsse zu auswärtigen Angelegenheiten von nicht-staatsleitender Natur

Zu den auswärtigen Angelegenheiten nicht-staatsleitenden Charakters rechnen namentlich Verwaltungsabkommen und Verträge, die nicht die politischen Beziehungen des Bundes regeln. Das Grundgesetz sieht bei diesen Akten keine Mitwirkung des Parlaments vor, die nach ihrem Sinn und Zweck mit der Zustimmung zu politischen Verträgen oder der Regelung des Art. 59 a GG verglichen werden könnte. Allerdings können völkerrechtliche Verträge, die Gegenstände der Bundesgesetzgebung betreffen, gemäß Art. 59 Abs. 2 Satz 1 GG wie die politischen Verträge nur mit Zustimmung des Bundestages zustandekommen. Das Erfordernis einer Zustimmung (in Gesetzesform) soll jedoch hier dem Parlament nicht die Teilnahme an der Führung des Staates ermöglichen, sondern lediglich eine „Durchlöcherung der Gewaltenteilung" verhindern[46].

---
[45] Siehe oben S. 53.
[46] Siehe Maunz-Dürig, Rdn. 16 zu Art. 59 GG.

Da hiernach in auswärtigen Angelegenheiten die Akte nicht-staatsleitender Natur keiner Beteiligung des Bundestages bedürfen, die in ihrer Bedeutung für den Staat der Zustimmung des Parlaments zu politischen Verträgen entspricht, wird man auch ein Recht des Bundestages ablehnen müssen, in diesen Fällen durch verbindliche Beschlüsse auf die Exekutive Einfluß zu nehmen. Verbindlich gewollte Bundestagsbeschlüsse sind deshalb hier rechtswidrig und unwirksam[47].

Andererseits kann der Bundestag jedoch als befugt angesehen werden, in den vorgenannten Fällen mit unverbindlich gewollten Beschlüssen auf die Bundesregierung einzuwirken. Das läßt sich daraus folgern, daß die auswärtige Gewalt grundgesetzlicher Prägung als eine kombinierte Gewalt aufzufassen ist. Die Befugnis des Bundestages zu nur unverbindlichen Beschlüssen entspricht insoweit der schwächeren Stellung des Bundestages, die ihm bei der Teilhabe an der Mitwirkung in auswärtigen Angelegenheiten nicht-staatsleitenden Charakters zukommt.

Als ein Beispiel für Beschlüsse zu Handlungen nicht-staatsleitender Bedeutung ist bereits das Ersuchen des Bundestages an die Bundesregierung erwähnt worden, mit Frankreich wegen einer Eisenbahnbrücke über den Rhein zu verhandeln. Ebenso gehört aber auch das Ersuchen an die Bundesregierung, mit Frankreich wegen jugendlicher Fremdenlegionäre zu verhandeln, hierher. Beide Beschlüsse können nach ihrem Wortlaut auch als unverbindlich gewollt gedeutet werden[48]. Sie sind deshalb rechtmäßig. Die Bundesregierung ist allerdings nicht verpflichtet gewesen, diese Beschlüsse zu befolgen.

7. Befugnis zu billigenden Stellungnahmen

Die Stellungnahme ist die schwächste Form parlamentarischer Einflußnahme auf die Exekutive. Sie soll nicht zu einem mehr oder weniger konkretisierten Verhalten der Exekutive anregen; sie enthält vielmehr nur eine bloße Meinungsäußerung[49].

Wenn der Bundestag entsprechend den gewonnenen Rechtsregeln grundsätzlich Empfehlungen aussprechen und teilweise sogar verbindlich gewollte Beschlüsse fassen darf, dann ist er auf jeden Fall auch befugt, in einem Beschluß lediglich eine Billigung des Handelns der Exekutive oder sein Einverständnis mit einer von ihr getroffenen Entscheidung zum Ausdruck zu bringen. Billigende Stellungnahmen des Bundestages in auswärtigen Angelegenheiten sind also rechtmäßig.

---
[47] Vgl. oben S. 39, 42.
[48] Siehe hierzu oben S. 43.
[49] Vgl. oben S. 39.

4. Kapitel: Beschlüsse in den staatlichen Tätigkeitsbereichen 81

Eine solche rechtmäßige Stellungnahme war z. B. der Beschluß des Bundestages zur Aufnahme diplomatischer Beziehungen zwischen der Bundesrepublik und der UdSSR. Die Aussage dieses Beschlusses erschöpfte sich in einer Einverständniserklärung mit einem Akt der Bundesregierung.

Derartige Stellungnahmen sind in zweifacher Hinsicht von Bedeutung: Einmal zeigen sie der Regierung, daß das Parlament ihrem Entschluß zustimmt; sie geben ihr dadurch den notwendigen Rückhalt für ihr weiteres Wirken. Zum anderen bekunden sie dem Volk, daß das von ihm gewählte Parlament das Verhalten der Regierung gutheißt.

8. Beschränkte Befugnis des Bundestages zur Repräsentation der Bundesrepublik durch schlichte Beschlüsse

Mit schlichten Parlamentsbeschlüssen, die eine Repräsentation der Bundesrepublik durch den Bundestag darstellen, sind die Beschlüsse gemeint, mit denen sich der Bundestag unmittelbar an auswärtige Staaten wendet. Außer dem bereits erwähnten Appell des Bundestages an die Regierung der UdSSR lassen sich als Beispiele für solche Beschlüsse noch folgende zwei Entschließungen des Bundestages anführen:

„Der Bundestag bedauert die Erfolglosigkeit der Berliner Konferenz (Januar 1954) und dankt den Westmächten"[50].

„Der Bundestag bedauert die französischen Saarmaßnahmen"[51].

Alle diese Beschlüsse weisen zwei Merkmale auf, die für ihre rechtliche Würdigung wesentlich sind: Die Beschlüsse befassen sich einmal im Sinne von *Mosler* mit „Angelegenheiten von fundamentaler Bedeutung"[52]; sie betreffen die Stellung des Staates im ganzen oder seine territoriale Integrität. Zum andern enthalten sie nur „feierliche Erklärungen"[53]; sie sind Appelle, Danksagungen oder Äußerungen des Bedauerns.

Es ist schon herausgestellt worden, daß der Bundestag mit solchen Beschlüssen die Bundesrepublik gegenüber auswärtigen Staaten repräsentiert; er nimmt mit *Moslers* Worten „völkerrechtliche Verkehrshandlungen" vor[54]. Für die Repräsentation der Bundesrepublik sind zwar nach dem Grundgesetz prinzipiell der Bundespräsident und die Bundesregierung zuständig. Dies könnte ein Grund sein, die genannten Bundestagsbeschlüsse als Kompetenzüberschreitungen und damit als rechtswidrig zu qualifizieren. Berücksichtigt man jedoch Wesen und Inhalt dieser schlich-

---
[50] StenBer d. 2. Wahlp., S. 550 — Drucks. 286.
[51] StenBer d. 1. Wahlp., S. 8242 — Drucks. 3076.
[52] AaO, S. 296.
[53] Vgl. Mosler, ebenda.
[54] Ebenda.

ten Parlamentsbeschlüsse, so wird ihre Rechtmäßigkeit bejaht werden können. Der in den Vorschriften der Art. 59 Abs. 2 Satz 1 und 59 a GG zum Ausdruck kommende Grundsatz, daß der Bundestag an der Führung und Selbstbestimmung des Staates teilnimmt, wird auch hier bei der rechtlichen Beurteilung der schlichten Parlamentsbeschlüsse zu gelten haben. Ist der Bundestag an der Gesamtführung des Staates beteiligt, muß er sich in Angelegenheiten von fundamentaler Bedeutung durch schlichte Parlamentsbeschlüsse auch ausnahmsweise unmittelbar gegenüber auswärtigen Staaten äußern dürfen[55].

Diese ungeschriebene Kompetenz des Bundestages wird allerdings beschränkt durch die alleinige Zuständigkeit der Bundesregierung, mit auswärtigen Staaten Verhandlungen zu führen. Der Bundestag ist somit nicht befugt, in seinen unmittelbar an auswärtige Staaten gerichteten Beschlüssen im einzelnen Vorschläge, etwa z. B. Vertragsangebote, zu machen oder zu Verhandlungen aufzufordern[56]. Die Beschlüsse dürfen lediglich feierliche Erklärungen im vorerwähnten Sinne enthalten[57].

Die als Beispiele aufgeführten Bundestagsbeschlüsse erfüllen diese Voraussetzungen. Sie sind daher rechtmäßige schlichte Parlamentsbeschlüsse[58].

III. Innere Angelegenheiten

A. Regierungsbereich

Regierung im funktionellen Sinne ist bereits als die Oberleitung und Führung des Staates im ganzen beschrieben worden[1]. Der *Bereich der Regierung* besteht aus den „Akten des eigentlichen Verfassungslebens"[2]. Diese verfassungsrechtlichen Akte unterscheiden sich wegen ihrer Bedeutung für das Ganze des Staates von seiner laufenden Tätigkeit, die den *Verwaltungsbereich* bildet[3].

Die Gliederung des Bereichs der inneren Angelegenheiten in einen Regierungs- und einen Verwaltungsbereich dient dazu, die Vorgänge der Gesamtführung des Staates im Bereich der inneren Angelegenhei-

---

[55] Siehe auch Mosler, ebenda.
[56] Vgl. Mosler, ebenda.
[57] Vgl. hierzu Mosler, ebenda, nach dessen Ansicht die Beschlüsse auch Vertragsangebote oder Aufforderungen zu Verhandlungen enthalten dürfen, wenn sie im Einvernehmen mit der Bundesregierung gefaßt werden.
[58] Im Ergebnis ebenso Mosler, ebenda.
[1] Siehe oben S. 65.
[2] Vgl. Scheuner, SmendF I, S. 276.
[3] Vgl. hierzu Scheuner, aaO, S. 276 f; Leibholz, Strukturprobleme, S. 160; Dahm, Recht, S. 308.

4. Kapitel: Beschlüsse in den staatlichen Tätigkeitsbereichen 83

ten unter einem Oberbegriff zusammenzufassen und der laufenden Tätigkeit des Staates gegenüberzustellen. Sie besagt also nicht, daß es Akte der Staatsleitung etwa nur im Bereich der inneren Angelegenheiten gäbe. Die schon behandelten Regelungen der parlamentarischen Zustimmung zu politischen Verträgen und der Feststellung des Verteidigungsfalles durch den Bundestag zeigen, daß auch der Bereich der auswärtigen Angelegenheiten Vorgänge der Oberleitung des Staates kennt.

Die einzelnen Maßnahmen und Entscheidungen, die in den Bereich der Gesamtführung des Staates fallen, lassen sich ihrem Wesen nach und von der Sache her in verschiedene spezielle Tätigkeitsbereiche unterteilen[4]. Von diesen interessieren hier freilich nur diejenigen, die als Gegenstand nicht gesetzlich geregelter schlichter Parlamentsbeschlüsse in Frage kommen. Es werden deshalb im folgenden nicht alle zum Regierungsbereich gehörenden Vorgänge aufgeführt.

Dies vorausgeschickt, gehören im Rahmen der vorliegenden Untersuchung im einzelnen zum Regierungsbereich:

1. Die Wahl und die Abberufung des Bundeskanzlers durch den Bundestag (Art. 63, 67 GG), die Bildung der Bundesregierung (Art. 64 GG), der Antrag des Bundeskanzlers, ihm das Vertrauen auszusprechen, und die Entscheidung des Bundestages auf diesen Antrag hin (Art. 68 GG)[5]; diese Vorgänge rechnen zum Bereich der Bildung und Führung der Regierung im institutionellen Sinne.

2. Die Aufstellung und Verabschiedung des Haushaltsplanes in Gesetzesform (Art. 110 Abs. 2 Satz 1 GG, Art. 70 Abs. 2 BayVerf) und die im Zusammenhang damit im einzelnen ergehenden Entscheidungen[6]; sie ergeben den speziellen Tätigkeitsbereich der staatlichen Haushaltswirtschaft.

3. Die Ausübung des Bundeszwanges nach Art. 37 GG und die „Polizeihilfe bei Staatsnotstand"[7] gemäß Art. 91 Abs. 2 GG[8]. Diese „Notmaßnahmen"[9] bilden ebenfalls einen speziellen staatlichen Tätigkeitsbereich; sie sind dazu bestimmt, den Bundesstaat aufrechtzuerhalten und zu sichern bzw. drohende Gefahren für den Bestand und die freiheitliche demokratische Grundordnung des Bundes abzuwehren[10]. Diesem Bereich kann außerdem noch die Ausübung der Bundesaufsicht gemäß Art. 84, 85 GG als ein staatsleitender Vorgang zugeordnet werden; die Bun-

---

[4] Siehe dazu oben S. 34, 40.
[5] Vgl. Scheuner, aaO, S. 258, 276, 286; Dahm, ebenda.
[6] Vgl. Heckel, HDStR II, 390 ff; Dahm, ebenda.
[7] Die Formulierung „Polizeihilfe bei Staatsnotstand" verwenden Giese-Schunck als Überschrift zu Art. 91 GG.
[8] Vgl. Scheuner, aaO, S. 284; Dahm, aaO, S. 308 f.
[9] Dahm, ebenda.
[10] Vgl. Maunz-Dürig, Rdn. 8 zu Art. 37 GG; Dahm, ebenda.

desaufsicht berührt wie der Bundeszwang die Beziehungen zwischen Bund und Ländern sowie ihr Zusammenspiel und damit gleichfalls die Funktionsfähigkeit des Bundesstaates[11].

4. Die Einbringung einer Gesetzesvorlage beim Parlament durch die Regierung (Art. 76 Abs. 1 GG, Art. 71 BayVerf). Die Vorlage eines Gesetzes ist ein Akt des eigentlichen Verfassungslebens[12]; auch die Ausarbeitung eines Gesetzentwurfes und seine Einbringung beim Parlament lassen sich ebenfalls als ein spezieller Bereich des Regierungsbereichs ansehen.

Die für diese staatlichen Tätigkeitsbereiche geltende Verteilung der Zuständigkeiten und Befugnisse auf Parlament und Regierung (im institutionellen Sinne) läßt erkennen, daß an den im Regierungsbereich zu treffenden Entscheidungen beide Staatsorgane grundsätzlich gleichermaßen beteiligt sind. Die Oberleitung und die Führung des Staates stehen Parlament und Regierung sozusagen „zur gesamten Hand" zu[13].

1. Regierungsbildung und -führung

a) Die grundgesetzliche Regelung der Regierungsbildung und -führung

Der Bundestag ist nach dem Grundgesetz an der Bildung der Bundesregierung und ihrer Abberufung unmittelbar nur durch die Wahl (Art. 63) und den Sturz des Bundeskanzlers (Art. 67) beteiligt. Die einzelnen Bundesminister werden auf Vorschlag des Bundeskanzlers vom Bundespräsidenten ohne Mitwirkung des Bundestages ernannt und entlassen (Art. 64 Abs. 1). Das Amt eines Bundesministers endigt — außer durch Entlassung — in jedem Falle mit dem Zusammentritt eines neuen Bundestages oder mit der Erledigung des Amtes des Bundeskanzlers (Art. 69 Abs. 2)[14].

Ein „Mißtrauensvotum mit Abgangspflicht"[15] gibt es nur gegen den Bundeskanzler, nicht aber gegen einen Bundesminister. Ein Bundesminister kann auch nicht wie der Bundeskanzler gemäß Art. 68 Abs. 1

---

[11] Vgl. Scheuner, aaO, S. 276 f, 287; Dahm, ebenda. Siehe Maunz-Dürig, Rdn. 5 zu Art. 37 GG, zu den „gewissen Zusammenhängen", die zwischen Bundesaufsicht und Bundeszwang bestehen.
[12] Vgl. Scheuner, aaO, S. 276, 284.
[13] So Friesenhahn, VVDStRL 16, 37 f, 67 f (Leitsatz I 13). Vgl. auch Scheuner, aaO, S. 267 f, und SmendF II, S. 260; Dahm, ebenda; oben S. 65.
[14] Die Bayerische Verfassung regelt die Bildung und Abberufung der Staatsregierung im wesentlichen entsprechend dem Grundgesetz: Der neugewählte Landtag wählt den Ministerpräsidenten (Art. 44 Abs. 1). Der Ministerpräsident beruft und entläßt *mit Zustimmung des Landtags* — hier weicht die Bayerische Verfassung vom Grundgesetz ab — die Staatsminister (Art. 45). Der Ministerpräsident muß zurücktreten, wenn die politischen Verhältnisse ein vertrauensvolles Zusammenarbeiten zwischen ihm und dem Landtag unmöglich machen (Art. 44 Abs. 3 Satz 2). Der Rücktritt des Ministerpräsidenten hat den Rücktritt der Staatsregierung zur Folge (Art. 44 Abs. 3 Satz 3).
[15] v. Mangoldt-Klein, Anm. II 2 zu Art. 67 GG.

4. Kapitel: Beschlüsse in den staatlichen Tätigkeitsbereichen 85

Satz 1 GG beantragen, daß ihm der Bundestag sein Vertrauen ausspricht. Das Grundgesetz konzentriert das Vertrauensverhältnis zwischen dem Bundestag und der Bundesregierung auf den Regierungschef und gewährleistet dadurch die Geschlossenheit des Kabinetts[16, 17]. *Hans Schneider* charakterisiert die grundgesetzliche Regelung zutreffend mit den Worten: „Das Grundgesetz verdichtet die Kabinettsfrage von vornherein zur Kanzlerfrage"[18].

Die Minister sind allerdings nicht völlig einer unmittelbaren parlamentarischen Verantwortung entzogen[19]. Der Bundestag und seine Ausschüsse haben z. B. gemäß Art. 43 Abs. 1 GG[20] das Recht, einen einzelnen Minister zu zitieren und zu interpellieren.

b) *Schlichte Parlamentsbeschlüsse*
außerhalb der grundgesetzlichen Regelung der Art. 67 und 68

Neben dem Mißtrauensvotum gegenüber dem Bundeskanzler und der Entscheidung des Bundestages in Beschlußform auf ein Begehren des Bundeskanzlers gemäß Art. 68 Abs. 1 GG sind grundsätzlich zwei Arten von nicht gesetzlich geregelten schlichten Parlamentsbeschlüssen denkbar: Mißbilligungsvoten und Entlassungsvoten[21].

Unter *Mißbilligungsvoten* sind — unverbindlich gewollte — Stellungnahmen[22] zu verstehen. Mißbilligungsvoten enthalten lediglich förmliche Mißbilligungen oder Tadel. Sie können eine spezielle Maßnahme oder die gesamte Amtsführung der Regierung, des Bundeskanzlers oder eines einzelnen Ministers betreffen[23]. Unter *Entlassungsvoten* hat man sich Beschlüsse vorzustellen, die über eine bloße Kritik hinausgehen und den Regierungschef veranlassen sollen, die Entlassung eines einzelnen Ministers einzuleiten[24]. Die Entlassungsvoten berühren also den Bestand und die Zusammensetzung des Kabinetts. Sie können unverbindlich oder verbindlich gewollt sein. Im ersten Fall handelt es sich um Empfehlungen, im zweiten Fall um Weisungen an den Bundeskanzler[25].

---
[16] Vgl. Nawiasky, Grundgedanken, S. 99.
[17] Entsprechendes gilt für die Bayerische Verfassung; vgl. dazu Nawiasky, Verfassung, Systematischer Überblick über die Verfassung, S. 18.
[18] VVDStRL 8, 27.
[19] Vgl. Friesenhahn, VVDStRL 16, 58 mit Nachweisen.
[20] Vgl. Art. 24 Abs. 1 BayVerf.
[21] Die Termini „Mißbilligungsvotum" und „Entlassungsvotum" stammen, soweit ersichtlich ist, von U. M., AöR 76, 340 ff. Die Bezeichnung der hier behandelten schlichten Parlamentsbeschlüsse im Schrifttum ist uneinheitlich; vgl. dazu die Übersicht bei v. Mangoldt-Klein, Anm. IV zu Art. 67 GG.
[22] Siehe hierzu oben S. 39.
[23] U. M., ebenda, unterscheidet so zwischen speziellen und generellen Mißbilligungsvoten.
[24] Vgl. U. M., ebenda.
[25] Wegen der Begriffe „Empfehlung" und „Weisung" siehe oben S. 38 f.

2. Teil: Rechtmäßigkeit und Wirkungen

Praktische Beispiele für Mißbilligungs- und Entlassungsvoten des Bundestages gibt es bisher nicht[26]. Es sind zwar mehrfach Anträge zu Mißbilligungs- und Entlassungsvoten eingebracht, auf die Tagesordnung gesetzt und beraten worden[27]. Diese Anträge sind aber stets entweder abgelehnt worden, oder sie haben sich dadurch erledigt, daß der Bundestag gemäß § 29 Abs. 1 GeschOBT[28] beschlossen hat, zur Tagesordnung überzugehen. Da deshalb keine Mißbilligungsvoten und Entlassungsvoten angeführt werden können, werden hier je zwei Beispiele für entsprechende Anträge wiedergegeben.

Anträge zu Mißbilligungsvoten haben etwa folgendermaßen gelautet:

„Der Bundestag wolle beschließen: Der Bundestag mißbilligt, daß der Bundeskanzler beim Bundespräsidenten vorstellig geworden ist und ihn während der Vorsprache an seinen Eid erinnert hat"[29].

„Der Bundestag wolle beschließen: Der Bundestag mißbilligt, daß sich der Bundesjustizminister herabsetzend über das Bundesverfassungsgericht geäußert hat"[30].

Anträge zu Entlassungsvoten sind wie folgt formuliert worden:

„Der Bundestag wolle beschließen: Der Bundeskanzler wird ersucht, dem Bundespräsidenten die Entlassung des Bundesministers Erhard vorzuschlagen"[31].

„Der Bundestag wolle beschließen: Der Bundeskanzler wird ersucht, dem Bundespräsidenten die Entlassung der Bundesminister Kraft und Oberländer vorzuschlagen"[32].

---

[26] Der Bundestag hat demgegenüber schon mehrfach der Bundesregierung eine Billigung ausgesprochen; siehe z. B. S. 80 f.
[27] Eine Zusammenstellung von Anträgen, die in der ersten und zweiten Legislaturperiode des Bundestages eingebracht worden sind, findet sich bei v. Mangoldt-Klein, ebenda.
[28] § 29 Abs. 1 GeschOBT lautet: „Der Antrag auf Übergang zur Tagesordnung kann jederzeit bis zur Abstimmung gestellt werden und bedarf keiner Unterstützung. Wird ihm widersprochen, so ist vor der Abstimmung ein Redner für und ein Redner gegen den Antrag zu hören. Wird der Antrag abgelehnt, so darf er im Laufe derselben Beratung nicht wiederholt werden. Über Anträge auf Übergang zur Tagesordnung ist vor anderen Änderungsanträgen abzustimmen".
[29] StenBer d. 1. Wahlp., S. 12 158 ff (12 168) — Drucks. 3955. Der Antrag ist abgelehnt worden.
[30] StenBer d. 1. Wahlp., S. 13 331 ff (13 340) — Drucks. 4360. Der Antrag ist abgelehnt worden.
[31] StenBer d. 1. Wahlp., S. 3029 ff (3039) — Drucks. 1176. Der Antrag ist abgelehnt worden.
[32] StenBer d. 2. Wahlp., S. 6130 ff (6136) — Drucks. 1809. Es wurde Übergang zur Tagesordnung beschlossen.

c) Befugnis zu Mißbilligungsvoten

Die Volksvertretung ist auf Grund der ihr durch das parlamentarische Regierungssystem eingeräumten Kontrollbefugnisse[33] berechtigt und verpflichtet, über die Tätigkeit der Regierung und ihrer Mitglieder zu wachen und sie gegebenenfalls zu kritisieren[34]; das Recht zur Kritik gehört zum Wesen einer parlamentarischen Regierungsweise[35]. Wenn das Parlament mithin nach der Verfassung an der Regierung und an einzelnen Regierungsmitgliedern Kritik üben darf, muß es auch berechtigt sein, gewissermaßen das Ergebnis seiner Kontrolle und Kritik in geeigneter Form zum Ausdruck zu bringen[36]. Die dem Parlament zu Gebote stehenden Kontrollbefugnisse gestatten ihm deshalb auch, Unzufriedenheit und Mißfallen etwa in Gestalt einer Mißbilligung oder eines Tadels zu äußern. Es wird danach die ungeschriebene Kompetenz des Parlaments zu bejahen sein, in Form von schlichten Beschlüssen der Regierung im ganzen, dem Bundeskanzler oder einem Bundesminister eine Mißbilligung oder einen Tadel wegen ihrer gesamten Amtsführung oder einer einzelnen Entscheidung auszusprechen.

Die These von *Münch*, nach der solche Beschlüsse mit der Regelung und dem Wortlaut des Art. 67 GG sowie mit dem Sinn und Zweck dieser Vorschrift unvereinbar sein sollen[37], ist also abzulehnen. Art. 67 Abs. 1 Satz 1 GG besagt, daß der Bundestag dem Bundeskanzler sein Mißtrauen nur dadurch aussprechen kann, daß er mit der Mehrheit seiner Mitglieder einen Nachfolger wählt und den Bundespräsidenten ersucht, den Bundeskanzler zu entlassen. Diese Regelung bedeutet, daß ein Mißtrauensvotum mit Abgangspflicht nur gegenüber dem Bundeskanzler möglich ist. Dem Wortlaut des Art. 67 GG kann aber nicht entnommen werden, daß damit bloße Mißbilligungen oder Tadel, die nicht mit einer Rücktrittspflicht verbunden und schon ihrem Wortsinn nach etwas anderes als Mißtrauenserklärungen sind, nach dem Grundgesetz ausgeschlossen sein sollen. Ebensowenig geben Sinn und Zweck des Art. 67 GG etwas für eine solche Folgerung her. Denn bloße Mißbilligungen oder Tadel berühren nicht die Geschlossenheit des Kabinetts. Im übrigen läßt sich *Münchs* Auslegung des Art. 67 GG nicht mit dem Wesen des parlamentarischen Regierungssystems in Einklang bringen, zu dem gerade das Recht des Parlaments auf Kritik an der Regierung und ihren Mitgliedern gehört.

---

[33] Siehe oben S. 45, 57.
[34] Vgl. Werner Gross, DVBl. 1954, 633.
[35] v. Mangoldt-Klein, ebenda.
[36] Vgl. U. M., aaO, S. 339 f.
[37] Bundesregierung, S. 178 ff.

Mißbilligungen und Tadel ohne Rücktrittspflicht sind auch nicht „sinnwidrig", wie *Nawiasky* meint[38]. Sie erfüllen vielmehr gerade eine Funktion des parlamentarischen Regierungssystems, da sie Ausdruck parlamentarischer Kritik an der Regierung oder einzelnen Ministern sind.

Die Befugnis des Parlaments zu Mißfallensäußerungen kann schließlich nicht mit der von *Adenauer*[39] und *Münch*[40] vertretenen Begründung verneint werden, daß der breiten Öffentlichkeit möglicherweise auf Grund unrichtiger Berichterstattung über das Parlament der Unterschied zwischen einem Mißtrauensvotum im Sinne des Art. 67 GG und einem Mißbilligungsvotum verborgen bleibt. Es läßt sich zwar nicht leugnen, daß selbst bei zutreffender Information falsche Vorstellungen von Handlungen des Parlaments in der Öffentlichkeit entstehen können, weil ihr gewöhnlich das erforderliche Sachverständnis und Beurteilungsvermögen abgehen. Eine fehlende Sachkenntnis der breiten Öffentlichkeit sowie die Gefahr daraus resultierender Mißverständnisse sind jedoch keine verfassungsrechtlichen Kriterien; sie können nicht dazu führen, dem Parlament das Recht auf bloße Mißbilligungen und Tadel zu versagen.

Mißbilligungsvoten sind deshalb rechtmäßige schlichte Parlamentsbeschlüsse[41, 42]. Entsprechende Anträge dürfen also auf die Tagesordnung gesetzt, beraten und zum Gegenstand einer Abstimmung gemacht werden[43].

d) Keine Befugnis zu Entlassungsvoten

Die (wohl) herrschende Meinung räumt dem Parlament weiterhin die Befugnis ein, auf den Bundeskanzler durch einen entsprechenden Beschluß dahin einzuwirken, daß er dem Bundespräsidenten die Entlassung eines Bundesministers vorschlägt. Sie läßt mithin auch Entlassungsvoten grundsätzlich zu; eine Verbindlichkeit solcher Beschlüsse wird dabei allerdings durchweg verneint[44].

Dieser Sicht der Dinge kann unbedenklich darin gefolgt werden, daß eine Verbindlichkeit von Entlassungsvoten zweifellos nicht in Betracht kommt. Die grundgesetzliche Regelung der Bildung und des weiteren Bestandes der Bundesregierung ist darauf angelegt, die Geschlos-

---

[38] Verfassung, ebenda.
[39] StenBer (BT) d. 1. Wahlp., S. 12162.
[40] Ebenda.
[41] So auch im Ergebnis die wohl h. M.; vgl. v. Mangoldt-Klein, ebenda mit Nachweisen.
[42] Dies gilt ebenso für Mißbilligungsvoten des Bayerischen Landtages, da die Bayerische Verfassung die Regierungsbildung und -führung im wesentlichen dem Grundgesetz entsprechend regelt.
[43] Siehe dazu oben S. 42 f.
[44] Siehe hierzu im einzelnen v. Mangoldt-Klein, ebenda mit Nachweisen.

4. Kapitel: Beschlüsse in den staatlichen Tätigkeitsbereichen

senheit des Kabinetts zu gewährleisten; der Bundestag ist nach dem Grundgesetz nicht befugt, einen einzelnen Bundesminister „aus dem Kabinett herauszuschießen"[45]. Diese Regelung würde illusorisch, räumte man dem Bundestag das Recht ein, den Bundeskanzler durch einen schlichten Beschluß zu verpflichten, die Entlassung eines Bundesministers einzuleiten. Verbindlich gewollte Entlassungsvoten sind infolgedessen rechtswidrig und rechtlich unwirksam.

Man wird aber auch unverbindlich gewollte Entlassungsvoten als rechtswidrig zu betrachten haben. Sie überlassen zwar die letzte Entscheidung dem Bundeskanzler. Das Wesentliche an ihnen ist jedoch, daß sie ebenso wie die verbindlich gewollten Entlassungsvoten im Ergebnis die Amtsenthebung eines Ministers herbeiführen sollen; sie sollen letztlich die gleiche Wirkung wie ein Mißtrauensvotum gegen einen einzelnen Minister haben. Unverbindlich gewollte Entlassungsvoten widersprechen deshalb ebenfalls dem Sinn und Zweck der Art. 64, 67, 68 und 69 GG, da sie geeignet sind, die Geschlossenheit des Kabinetts zu beeinträchtigen[46]. Soll die Zusammensetzung des Kabinetts nach dem Grundgesetz allein vom Bundeskanzler ohne Mitwirkung des Parlaments bestimmt werden, dann muß es dem Parlament auch verwehrt sein, dem Bundeskanzler die Amtsenthebung eines Ministers lediglich anheimzustellen. Es muß also entgegen der herrschenden Meinung dem Parlament überhaupt jede Befugnis zu Entlassungsvoten abgesprochen werden.

Da mithin verbindlich wie unverbindlich gewollte Entlassungsvoten rechtswidrig sind[47], durften die oben wiedergegebenen Anträge zu solchen Beschlüssen gar nicht erst auf die Tagesordnung gesetzt und beraten werden[48]. Der Bundestag muß den Bundeskanzler durch ein konstruktives Mißtrauensvotum und damit die gesamte Regierung zu Fall bringen, wenn er einen einzelnen Bundesminister stürzen will.

2. Schlichte Parlamentsbeschlüsse im Bereich der staatlichen Haushaltswirtschaft

a) Die Mitwirkung des Parlaments an der Gestaltung der staatlichen Haushaltswirtschaft

Alle Einnahmen und Ausgaben des Staates (Bundes) müssen gemäß Art. 110 Abs. 1 GG für jedes Rechnungsjahr veranschlagt und in den Haushaltsplan eingesetzt werden. Der Haushaltsplan wird nach Art. 110

---

[45] Laforet, VVDStRL 8, 56.
[46] Ähnlich v. Merkatz, StenBer (BT) d. 1. Wahlp., S. 3036, und Stücklen, StenBer (BT) d. 2. Wahlp., S. 6133.
[47] Entlassungsvoten des Bayerischen Landtages sind ebenso zu beurteilen.
[48] So im Ergebnis auch Münch, ebenda. Zu den Folgen der Rechtswidrigkeit eines schlichten Parlamentsbeschlusses siehe im übrigen oben S. 42 f.

Abs. 2 Satz 1 GG vor Beginn des Rechnungsjahres durch Gesetz festgestellt. Der Bundestag bestimmt danach mit der Verabschiedung des Haushaltsplanes in der Form eines Gesetzes die Lenkung und Verteilung der staatlichen Mittel[49].

Es ist zwar stets Sache der Regierung, den Haushaltsplan für das bevorstehende Rechnungsjahr zu entwerfen und dem Parlament vorzulegen. Dies ergibt sich einerseits aus der programmatischen Bedeutung des Haushaltsplanes als eines Teils des Regierungsprogramms, andererseits daraus, daß allein die Regierung einen vollständigen Überblick über den Haushalt des Staates hat[50]. Die letzte Entscheidung hat jedoch das Parlament zu treffen. Es kann bei der Beratung und Abstimmung über die Regierungsvorlage vor allem einzelne Ausgabenansätze erhöhen, kürzen oder streichen und neue Ausgabenansätze in die Vorlage aufnehmen[51]. Das Parlament ist auf diese Weise grundsätzlich in der Lage, den von der Regierung eingebrachten Entwurf nach seinen Vorstellungen umzugestalten und das Haushaltsplangesetz — ebenso wie andere Gesetze — seinen Wünschen entsprechend zu verabschieden. Die Bundesregierung hat lediglich die Möglichkeit, Ausgabenerhöhungen durch den Bundestag entgegenzuwirken. Gemäß Art. 113 GG bedürfen Beschlüsse des Bundestages, die die von der Bundesregierung im Haushaltsplan vorgesehenen Ausgaben erhöhen, der Zustimmung der Bundesregierung. Die Bundesregierung wird allerdings angesichts ihrer Abhängigkeit vom Parlament[52] von dem ihr durch Art. 113 GG eingeräumten Recht, die Zustimmung zu versagen, nur in seltenen Fällen Gebrauch machen[53].

Ist das Haushaltsplangesetz verabschiedet, kann das Parlament die staatliche Haushaltswirtschaft kraft gesetzlicher Vorschriften auf verschiedene Art und Weise überwachen[54]. Es kann einmal den Vollzug des Haushaltsplangesetzes durch die Exekutive kontrollieren, indem es seine in Art. 43 Abs. 1 (Auskunfts- und Informationsrecht) und 44 Abs. 1 GG (Untersuchungsausschüsse) verankerten Rechte ausübt. Das Parlament ist ferner in der Lage, durch die nach § 83 RHO erforderliche nachträgliche Genehmigung der über- und außerplanmäßigen Ausgaben über die Verwendung staatlicher Mittel zu befinden[55]. Parlamentarische Haushaltsüberwachung äußert sich endlich in der Prüfung der dem Parlament jährlich von dem Bundesminister der Finanzen zu legenden Rechnung über alle Einnahmen und Ausgaben und in der abschließenden Entlastung der Bundesregierung (Art. 114 Abs. 1 und Abs. 2 Satz 2 GG).

---
[49] Vgl. Jesch, Gesetz, S. 172.
[50] Siehe hierzu Heckel, AöR, 12, 440, und HDStR II, 392 ff.
[51] Siehe aber auch oben S. 45 Fußn. 20.
[52] Vgl. hierzu oben S. 57.
[53] Siehe Jesch, aaO, S. 93.
[54] Vgl. hierzu Hettlage, VVDStRL 14, 11.

4. Kapitel: Beschlüsse in den staatlichen Tätigkeitsbereichen 91

Die Bayerische Verfassung regelt die Mitwirkung des Landtages an der Gestaltung der Haushaltswirtschaft des Bundeslandes Bayern im wesentlichen in der gleichen Art und Weise[56].

b) *Einteilung der nicht gesetzlich geregelten Beschlüsse zur Lenkung und Verteilung staatlicher Mittel sowie Beispiele*

Neben den vorstehend aufgeführten und gesetzlich geregelten Parlamentsbeschlüssen zur staatlichen Haushaltswirtschaft gibt es auch nicht gesetzlich geregelte schlichte Beschlüsse, in denen sich das Parlament mit der Lenkung und Verteilung staatlicher Mittel befaßt. Diese (nicht gesetzlich geregelten) schlichten Beschlüsse lassen sich in Voranschlags- und Ausführungsbeschlüsse unterteilen.

Als *Voranschlagsbeschlüsse* sind alle diejenigen Beschlüsse gemeint, die die Regierung veranlassen sollen, in den von ihr erst noch aufzustellenden und dem Parlament vorzulegenden Haushaltsvoranschlag bestimmte Ansätze aufzunehmen. Die Voranschlagsbeschlüsse beziehen sich mithin auf die Ausarbeitung und den Entwurf des Haushaltsplanes durch die Regierung. Voranschlagsbeschlüsse sind z. B. folgende Beschlüsse des Bundestages bzw. des Bayerischen Landtages:

„Die Bundesregierung wird ersucht, in den Haushaltsvoranschlag 1950/51 zwanzig Millionen DM für Ausfallbürgschaften für Filme aufzunehmen"[57].

„Die (Bayerische) Staatsregierung wird ersucht, den Ansatz für Volksbüchereien im nächsten Haushalt zu verdoppeln"[58].

---

[55] Die Fortgeltung des § 83 RHO ist allerdings seit Inkrafttreten des Grundgesetzes im Hinblick auf Art. 112 GG umstritten, wonach Haushaltsüberschreitungen und außerplanmäßige Ausgaben — schon — der Zustimmung des Bundesministers der Finanzen bedürfen (vgl. v. Mangoldt, Anm. 2 zu Art. 112 GG; Hettlage, aaO, S. 12; Vialon, Haushaltsrecht, S. 940; Bühler, Bonner Kommentar, Anm. II 2 zu Art. 112 GG). Man wird jedoch von der Gültigkeit des § 83 RHO auszugehen haben. Art. 112 betrifft nur das Verhältnis der Bundesregierung zur Bundesverwaltung (siehe v. Mangoldt, ebenda), während § 83 RHO das Verhältnis des Parlaments zur Exekutive berührt. Der Bundesfinanzminister entscheidet mit seiner Zustimmung nach Art. 112 über vom Parlament noch nicht bewilligte Haushaltsmittel (vgl. Vialon, aaO, S. 937). Die Ansicht, nach der diese Zustimmung des Bundesfinanzministers die nachträgliche Genehmigung der Haushaltsabweichungen durch das Parlament überflüssig macht, führt zu einer Aushöhlung des parlamentarischen Ausgabenbewilligungsrechtes.
[56] Vgl. namentlich Art. 78 Abs. 1 (Aufnahme aller Einnahmen und Ausgaben des Staates in den Haushaltsplan) und Abs. 5 (nochmalige Beratung auf Verlangen der Staatsregierung von Landtagsbeschlüssen, die die im Entwurf des Haushaltsplanes eingesetzten Ausgaben erhöhen), Art. 70 Abs. 2 (Feststellung des Staatshaushalts durch formelles Gesetz) und Art. 80 (Rechnungslegung über die Verwendung aller Staatseinnahmen und Entlastung der Staatsregierung durch den Landtag).
[57] StenBer (BT) d. 1. Wahlp., S. 2120 — Drucks. 775.
[58] StenBer (BayLT) d. 3. Wahlp. — Beil. 1757.

Unter *Ausführungsbeschlüssen* sind die Beschlüsse zu verstehen, mit denen das Parlament eine bestimmte Verwendung der im Haushaltsplangesetz bewilligten Gelder erstrebt. Beispiele hierfür sind nachstehende Beschlüsse des Bundestages:

„Die Bundesregierung wird ersucht, der Wirtschaftsberatung ihre Aufmerksamkeit zu schenken und bemüht zu sein, daß entsprechende Mittel für diese Zwecke zur Verfügung gestellt werden"[59].

„Die Bundesregierung wird ersucht, Mittel zur Linderung der durch die Hochwasserschäden in Bayern entstandenen Notstände zur Verfügung zu stellen"[60].

Ebenso rechnet zu den Ausführungsbeschlüssen noch folgender Beschluß des Bayerischen Landtages an die Staatsregierung vom 17. 5. 1950[61]:

„1. Die Verteilung der Mittel für den sozialen Wohnungs- und Siedlungsbau erfolgt nach dem Schlüssel 4 : 3 : 3 : 0.

2. Aus den Mitteln für den sozialen Wohnungsbau ist eine Reserve von 18 Millionen DM zu bilden. Hiervon sind zu verwenden

a) für die Beseitigung der Flüchtlingsmassenlager ein Betrag von 12 Millionen DM,

b) für sonstige dringende Bedürfnisse 6 Millionen DM"[62].

c) *Unterschiedliche Befugnis zu Voranschlagsbeschlüssen*

Die Voranschlagsbeschlüsse sollen im allgemeinen bewirken, daß die Regierung in den von ihr noch zu entwerfenden Haushaltsplan für das neue Rechnungsjahr Ausgabenansätze aufnimmt, die in dem Haushaltsplan des laufenden Rechnungsjahres entweder überhaupt noch nicht oder zum mindesten nicht in der vom Parlament gewünschten Höhe enthalten sind. Es gehören hierher aber auch Beschlüsse, die lediglich die Wiederholung eines bisherigen, von der Regierung jedoch nicht mehr in Aussicht genommenen Ausgabenansatzes zum Ziele haben. Die Voranschlagsbeschlüsse sollen also in der Regel zu einem höheren Ausgabenvolumen führen, als es von der Regierung für den künftigen Haushaltsplan vorgesehen ist. Da alle solche Beschlüsse auf eine über die Intentionen der Regierung hinausgehende Erhöhung der Ausgabenseite des neuen Haushaltsplanes hinauslaufen, wird man auch auf sie die Vorschrift des Art. 113 GG anzuwenden haben[63].

---

[59] StenBer (BT) d. 2. Wahlp., S. 1247 — Umdruck 27.
[60] StenBer (BT) d. 3. Wahlp., S. 4315 — Drucks. 1177.
[61] Dieser Beschluß hat der oben (S. 28 f) wiedergegebenen Entscheidung des BayVerfGH v. 30. 9. 1959 — BayVGHE nF 12, II, 119 — zugrundegelegen.
[62] StenBer d. 1. Wahlp. — Beil. 3816.

4. Kapitel: Beschlüsse in den staatlichen Tätigkeitsbereichen 93

Im einzelnen ergibt sich dies aus folgendem: Die Regelung des Art. 113 GG erfaßt ihrem Sinn nach alle Beschlüsse des Bundestages, die sich auf die Ausgabenseite des gegenwärtigen oder eines künftigen Haushalts beziehen und diese erhöhen. Dabei unterscheidet Art. 113 GG nicht zwischen Gesetzesbeschlüssen und schlichten Parlamentsbeschlüssen; er spricht schlechthin nur von „Beschlüssen des Bundestages". Die Voranschlagsbeschlüsse betreffen nun zwar nicht einen bereits von der Regierung eingebrachten oder sogar schon verabschiedeten Haushaltsplan. Dies steht jedoch einer Anwendung des Art. 113 GG nicht entgegen. Das Zustimmungserfordernis nach Art. 113 GG muß, wenn es seinen Zweck, eine sparsame Haushaltswirtschaft zu sichern[64], erfüllen soll, für alle Beschlüsse gelten, die ein Mehr an Ausgaben „für die Zukunft" mit sich bringen. Es ist daher grundsätzlich nicht erforderlich, daß ein schon durch Gesetz festgestellter Haushaltsplan vorliegt oder der Entwurf des Haushaltsplanes bereits eingebracht worden ist[65].

Mit der Feststellung, daß die nicht gesetzlich geregelten Voranschlagsbeschlüsse, soweit sie Ausgabenerhöhungen zum Ziele haben, ebenfalls der Zustimmung der Bundesregierung bedürfen, wird auch ihre Verbindlichkeit für die Bundesregierung ausgeschlossen. Ein Beschluß, dessen Wirksamwerden von der Zustimmung, d. h. einem Willensentschluß der Bundesregierung abhängig ist, kann diese nicht zugleich verpflichten, dem Beschluß nachzukommen. Versagt die Bundesregierung ihre Zustimmung, so wird der Beschluß ohne weiteres hinfällig. Stimmt die Bundesregierung dagegen dem Beschluß zu, indem sie den vom Parlament begehrten Haushaltsposten in ihren Entwurf einsetzt, erledigt er sich gleichfalls; für eine etwa nunmehr noch eintretende verpflichtende Wirkung ist kein Platz mehr.

Alles dies schließt es jedoch nicht aus, daß der Bundestag hinsichtlich von ihm erstrebter Ausgabenerhöhungen zu einer unverbindlichen Einflußnahme auf die Bundesregierung bei der Aufstellung des Haushaltsplanes befugt ist. Unverbindliche schlichte Parlamentsbeschlüsse stellen die letzte Entscheidung der Regierung anheim. Sie überlassen es von vornherein ihr, durch den Ansatz neuer Ausgaben die bisherigen staatlichen Ausgaben zu erhöhen oder nicht. Das ungeschriebene Recht des Parlaments, durch unverbindliche Beschlüsse an

---

[63] Vgl. hierzu Maunz-Dürig, Rdn. 4 zu Art. 113 GG, nach deren Ansicht das Zustimmungserfordernis des Art. 113 GG auch für schlichte Beschlüsse des Bundestages bestehen dürfte, die die Bundesregierung auffordern, für bestimmte Maßnahmen Geld zu geben oder Aufgaben durchzuführen, die einen zusätzlichen Finanzbedarf erfordern. Siehe auch v. Mangoldt, Anm. 2b zu Art. 113 GG.
[64] Siehe v. Mangoldt, Anm. 2a zu Art. 113 GG.
[65] Vgl. Maunz-Dürig, Rdn. 5 und 6 zu Art. 113 GG.

der Ausarbeitung des Haushaltsplanes mitzuwirken, läßt sich aus der Lenkungs- und Verteilungskompetenz des Parlaments ableiten, die ihm mit der Verabschiedung des Haushaltsplangesetzes zufällt. Wenn das Parlament schon über die Verwendung der staatlichen Mittel zu befinden hat und den ihm von der Regierung vorgelegten Haushaltsplan grundsätzlich seinen Vorstellungen anpassen kann, dann wird man das Parlament auch für berechtigt halten dürfen, sich durch unverbindliche Beschlüsse bereits in den Prozeß der Aufstellung des Haushaltsplanes durch die Regierung einzuschalten. Eine derartige Kompetenz des Parlaments erscheint vor allem deshalb sachlich gerechtfertigt, weil sie eine zweckmäßige und sinnvolle Haushaltsplanung ermöglicht. Die Regierung kann die Vorschläge und Wünsche des Parlaments hinsichtlich bestimmter Ausgabenposten mit dem Gebot einer sparsamen Haushaltswirtschaft und eines ausgeglichenen Haushaltsplanes (Art. 110 Abs. 2 Satz 2 GG) leichter bei der Ausarbeitung ihres Haushaltsentwurfs in Einklang bringen, als wenn sie erst bei der Verabschiedung der eingebrachten Vorlage noch einzelne Ausgabenposten einsetzen soll. Unverbindlich gewollte Voranschlagsbeschlüsse des Bundestages sind danach rechtmäßig.

Anders sind jedoch die Voranschlagsbeschlüsse zu beurteilen, die — konkrete Beispiele können für sie allerdings nicht angeführt werden — die Bundesregierung veranlassen sollen, Ausgabenansätze, die in dem Haushaltsplan des laufenden Rechnungsjahres enthalten sind, in den künftigen Haushaltsplan überhaupt nicht mehr oder mit einem niedrigeren Betrage aufzunehmen. Für diese Voranschlagsbeschlüsse kann die Regelung des Art. 113 GG nicht gelten. Sie schließt deshalb insoweit eine Befugnis des Bundestages zu verbindlichen Beschlüssen nicht aus. Andererseits läßt sich ein solches Recht aus der Kompetenz des Bundestages herleiten, die staatlichen Mittel zu lenken und zu verteilen. Soweit der Bundestag im Rahmen der Verabschiedung des Haushaltsplanes berechtigt ist, Ausgabenansätze zu kürzen oder zu streichen, muß er auch befugt sein, bereits bei der Ausarbeitung des Haushaltsplanes durch die Regierung durch verbindliche Beschlüsse seinen Vorstellungen Geltung zu verschaffen. Die von der herrschenden Meinung gegen die Verbindlichkeit schlichter Parlamentsbeschlüsse angeführten Verfassungsprinzipien (Gewaltenteilungsgrundsatz, Gesetzmäßigkeitsprinzip, Gleichrangigkeit von Parlament und Exekutive sowie die Regelung des Art. 65 GG) stehen dem nicht entgegen, da sie durch eine derartige Kompetenz des Parlaments nicht berührt werden. Endlich dient hier auch die Befugnis des Bundestages zu verbindlichen Beschlüssen ebenso wie die schon erörterte Kompetenz zu unverbindlichen Beschlüssen, die eine Erhöhung der Ausgabenseite des Haushalts bewirken sollen, einer sinnvollen und zweckmäßigen Haushaltsplanung.

Die Voranschlagsbeschlüsse des Bayerischen Landtages wird man ebenso zu behandeln haben; die in der Bayerischen Verfassung getroffene Verteilung der Zuständigkeiten und Befugnisse von Staatsregierung und Landtag gleicht im wesentlichen der des Grundgesetzes.

Der Beschluß des Bundestages zur Aufnahme von Mitteln für Filmbürgschaften und der Beschluß des Bayerischen Landtages, den Ansatz für Volksbüchereien zu verdoppeln — beide Beschlüsse sind oben als Beispiele für Voranschlagsbeschlüsse angeführt worden, — lassen sich nach den hier geltenden Auslegungsgrundsätzen[66] als unverbindlich gewollt deuten, obwohl sie als „Ersuchen" an die Bundesregierung bzw. die Staatsregierung formuliert sind. Sie sind deshalb als rechtmäßig anzusehen.

d) *Unverbindlichkeit der Ausführungsbeschlüsse*

Die Ausführungsbeschlüsse werden entweder gleichzeitig mit der Verabschiedung des Haushaltsplanes oder zu einem späteren Zeitpunkt gefaßt. Sie sollen die Regierung veranlassen, im Haushaltsplangesetz bewilligte Gelder nach speziellen Wünschen des Parlaments zu verteilen, ohne daß sich diese besondere Verwendung im einzelnen schon aus dem Titel des entsprechenden Ansatzes selbst ergibt. Die Ausführungsbeschlüsse erweisen sich hiernach als schlichte Parlamentsbeschlüsse zum Vollzug des Haushaltsplangesetzes durch die Exekutive.

Da der Gesetzesvollzug zur Kernfunktion der Exekutive gehört, ist folglich auch hier ein Recht des Parlaments zu einer verbindlichen Einflußnahme auf das Verhalten der Regierung abzulehnen. Das Haushaltsplangesetz unterscheidet sich insoweit nicht von anderen Gesetzen. Weder das Grundgesetz noch die Bayerische Verfassung enthalten Vorschriften, aus denen geschlossen werden kann, daß für die Ausführung des Haushaltsplangesetzes andere Regeln als sonst für den Gesetzesvollzug zu gelten haben. Das Parlament hat wohl die Möglichkeit, durch eine Detaillierung der einzelnen Ausgabenposten das Handeln der Exekutive von vornherein weitgehend festzulegen. Nach der Verabschiedung des Haushaltsplangesetzes ist das Parlament jedoch nur noch zu einer Überwachung und Kontrolle der Tätigkeit der Exekutive berechtigt. Die Ausführung des beschlossenen Haushaltsplangesetzes ist als solche allein Sache der Exekutive; nur sie hat insoweit die verantwortlichen Entscheidungen zu treffen[67]. Hiermit ist eine Befugnis des Parlaments zu verbindlichen Beschlüssen unvereinbar. Verbindlich gewollte Ausführungsbeschlüsse sind deshalb rechtswidrig und unwirksam.

---

[66] Vgl. oben S. 43 f.
[67] Vgl. zu Vorstehendem BayVGHE nF 12, II, 119 (125 f).

Die Regelung der Zuständigkeiten und Befugnisse von Parlament und Exekutive beim Vollzug des Haushaltsplangesetzes schließt aber nicht ein Recht des Parlaments aus, durch unverbindliche Beschlüsse die Verwendung der bewilligten Gelder zu beeinflussen. Die Vorschriften über die Kontrolle und die Überwachung der Exekutive durch das Parlament lassen immerhin erkennen, daß ein Einwirken auf die Ausführung des Haushaltsplangesetzes dem Parlament nicht völlig verwehrt ist. Deshalb wird aus der Kompetenz des Parlaments, die staatlichen Mittel zu verteilen, auch seine Befugnis hergeleitet werden können, durch unverbindliche Beschlüsse den Vollzug des Haushaltsplangesetzes zu lenken. Unverbindlich gewollte Ausführungsbeschlüsse sind also rechtmäßig.

Geht man von diesen Rechtsregeln aus, sind die vorstehend zitierten Beschlüsse des Bundestages, zur Förderung der Wirtschaftsberatung und zur Linderung der Hochwasserschäden in Bayern entsprechende Mittel zur Verfügung zu stellen, als rechtmäßige Ausführungsbeschlüsse anzusehen. Sie lassen sich nach ihrem Wortlaut — es heißt in ihnen ebenfalls: „Die Bundesregierung wird *ersucht*, . . ." — als unverbindlich gewollt auslegen. Der Wohnungs- und Siedlungsbau-Beschluß des Bayerischen Landtages ist hingegen als ein verbindlich gewollter Ausführungsbeschluß zu interpretieren. Die vom Landtag gewählten Formulierungen — „die Verteilung . . . *erfolgt* nach dem Schlüssel . . .", „aus den Mitteln . . . *ist* eine Reserve zu bilden" und „hiervon *sind* zu verwenden"[68] — können nur in dem Sinne verstanden werden, daß der Landtag der Staatsregierung ein bestimmtes Verhalten bindend hat vorschreiben wollen. Als verbindlich gewollter Beschluß ist er rechtswidrig und rechtlich unwirksam. Die Bayerische Staatsregierung ist nicht verpflichtet gewesen, ihn zu befolgen[69].

e) Heckels These von der Verbindlichkeit schlichter Parlamentsbeschlüsse bei politisch akzentuierten Haushaltsansätzen

Heckel vertritt die These, die Exekutive könne durch einen schlichten Parlamentsbeschluß zum Vollzug eines Haushaltspostens, den auszuführen sie auf Grund der bestehenden Rechtsordnung nicht gezwungen sei, verpflichtet werden, wenn es sich bei dem Haushaltsposten um eine „politisch betonte Bewilligung" handele[70]. Nach *Heckel* darf die Exekutive, wenn sie durch einen schlichten Parlamentsbeschluß zum Vollzug einer politisch betonten Bewilligung verpflichtet worden ist, die Ausführung des Haushaltsplangesetzes insoweit nur mit Zustimmung des Parla-

---
[68] Hervorhebungen vom Verfasser.
[69] Ebenso im Ergebnis BayVGHE nF 12, II, 119 (122 f, 126 f).
[70] HDStR II, 406 f.

4. Kapitel: Beschlüsse in den staatlichen Tätigkeitsbereichen 97

ments unterlassen[71]. Heckels These haben sich in neuerer Zeit auch *Friesenhahn*[72] und *Ipsen*[73] angeschlossen.

Nach dieser Meinung soll also der politische Akzent eines einzelnen Haushaltspostens das Parlament berechtigen, verbindliche Ausführungsbeschlüsse zu fassen und sich dadurch ein Mitvollziehungsrecht bei dem in Gesetzesform festgestellten Haushaltsplan zu sichern. Dieser Ansicht kann jedoch nicht gefolgt werden. Das Haushaltsplangesetz mag wohl politisch unbetonte und politisch betonte Ausgabenansätze enthalten. Dennoch ist seine Ausführung ohne Rücksicht auf den politischen Gehalt einer Bewilligung stets die eigenverantwortliche Aufgabe der Exekutive; das Parlament vermag, wie bereits näher dargelegt worden ist, die Verwendung der im Haushaltsplangesetz bewilligten Gelder außer im Wege der Haushaltsüberwachung und Kontrolle der Exekutive lediglich durch unverbindliche Beschlüsse zu lenken. Das Politische ist nur Färbung. Der politische Akzent eines einzelnen Haushaltspostens kann daher auch kein verfassungsrechtliches Kriterium sein, das eine Befugnis des Parlaments zu verbindlicher Einflußnahme auf den Vollzug eines solchen Haushaltspostens begründen könnte[74].

3. Der Bundeszwang, die Bundesaufsicht und die Polizeihilfe als Gegenstände schlichter Parlamentsbeschlüsse

a) Regelung des Bundeszwanges, der Bundesaufsicht und der Polizeihilfe

Das Verfahren des *Bundeszwanges* nach Art. 37 Abs. 1 GG gliedert sich in den „Feststellungsbeschluß" und den „Maßnahmenbeschluß" der Bundesregierung sowie in die Durchführung des Maßnahmenbeschlusses[75].

Der primäre *Feststellungsbeschluß* befaßt sich mit dem Tatbestand des Art. 37 Abs. 1 GG; dieser wird verwirklicht, wenn ein Bundesland die ihm nach dem Grundgesetz oder einem anderen Bundesgesetz obliegenden Bundespflichten nicht erfüllt. Gegenstand des Beschlusses ist die sich auf rechtliche Wertungen gründende Feststellung, daß die Tatbestandsvoraussetzungen für den Bundeszwang gegeben sind[76]. Der sekundäre *Maßnahmenbeschluß* enthält die Entscheidung für den Bundeszwang und über die „notwendigen Maßnahmen", die nach Meinung der Bundesre-

---

[71] Ebenda.
[72] VVDStRL 16, 36 f Fußn. 70, 70 (Leitsatz II 2).
[73] Subventionierung, S. 41 f.
[74] Siehe oben S. 35.
[75] Vgl. v. Mangoldt-Klein, Anm. IV 4 und 6 zu Art. 37 GG, und Maunz-Dürig, Rdn. 31 bis 34 zu Art. 37 GG.
[76] Vgl. v. Mangoldt-Klein, Anm. III 4a und IV 4 zu Art. 37 GG.

98 2. Teil: Rechtmäßigkeit und Wirkungen

gierung zu ergreifen sind, um das betreffende Bundesland zur Erfüllung seiner Pflichten anzuhalten[77]. Nach Art. 37 Abs. 1 GG „kann" die Bundesregierung die von ihr für notwendig gehaltenen Maßnahmen treffen; ihre Entscheidung für den Bundeszwang und über die hierzu erforderlichen Maßnahmen ergeht somit nach pflichtgemäßem Ermessen[78]. Der Maßnahmenbeschluß ist keine notwendige, sondern nur eine mögliche Folge der Tatbestandsfeststellung[79]; er kann mit dem Feststellungsbeschluß in einem Akt zusammenfallen[80].

Der Feststellungs- und der Maßnahmenbeschluß sind Entscheidungen, die die Bundesregierung ohne die Mitwirkung des Bundesrates oder des Bundestages zu treffen hat. Erst — aber auch nur — zur *Durchführung des Maßnahmenbeschlusses* bedarf nach Art. 37 Abs. 1 GG die Bundesregierung der Zustimmung des Bundesrates[81].

Die Verfahren der *Bundesaufsicht* gemäß Art. 84, 85 GG und der *Polizeihilfe* bei einem Staatsnotstand nach Art. 91 Abs. 2 GG entsprechen im wesentlichen dem Verfahren des Bundeszwanges. Die hierbei von der Bundesregierung zu treffenden Entscheidungen lassen sich jeweils mit dem Feststellungs- und dem Maßnahmenbeschluß beim Bundeszwang vergleichen. So setzt ein bundesaufsichtliches Vorgehen die Feststellung voraus, daß ein Bundesland die Bundesgesetze nicht dem geltenden Recht gemäß (Art. 84 Abs. 3 Satz 1 GG) oder im Falle der Bundesauftragsverwaltung z. B. nicht zweckmäßig ausführt (Art. 85 Abs. 4 Satz 1 GG). Die Polizeihilfe verlangt zunächst die Feststellung, daß der Bestand oder die freiheitliche demokratische Grundordnung des Bundes oder eines Landes gefährdet ist (Art. 91 Abs. 1 GG) und daß das Land, in dem die Gefahr droht, nicht selbst zur Bekämpfung der Gefahr bereit oder in der Lage ist (Art. 91 Abs. 2 Satz 1 GG). Diese primären Feststellungen der Bundesregierung sind wie die Feststellung der Tatbestandsverwirklichung beim Bundeszwang „Vorgänge juristischer Subsumtion"[82]. Die Parallele zu dem Maßnahmenbeschluß beim Bundeszwang findet sich in dem Beschluß der Bundesregierung, die Bundesaufsicht einzusetzen bzw. die Polizeikräfte der Länder ihren Weisungen zu unterstellen. Die Entscheidung der Bundesregierung ergeht in beiden Fällen wie der Maßnahmenbeschluß beim Bundeszwang nach pflichtgemäßem Ermessen. Die Art. 84 Abs. 3 Satz 2, 85 Abs. 4 Satz 2 und 91 Abs. 2 Satz 1 GG, die

---

[77] Vgl. v. Mangoldt-Klein, Anm. IV 4 und 5 zu Art. 37 GG.
[78] Vgl. v. Mangoldt-Klein, Anm. IV 2 und 5 zu Art. 37 GG mit Nachweisen.
[79] Vgl. v. Mangoldt-Klein, Anm. IV 2 zu Art. 37 GG, und Maunz-Dürig, Rdn. 31 zu Art. 37 GG.
[80] Siehe v. Mangoldt-Klein, Anm. IV 4 zu Art. 37 GG.
[81] Vgl. v. Mangoldt-Klein, Anm. III 4a und IV 5 sowie 6a zu Art. 37 GG mit Nachweisen.
[82] So Obermayer, VA, S. 98, für die Gefährdungsfeststellung gemäß Art. 91 GG.

4. Kapitel: Beschlüsse in den staatlichen Tätigkeitsbereichen 99

die Rechtsfolgen einer Tatbestandsverwirklichung regeln, sind ebenfalls als „Kann"-Vorschriften formuliert. Die primären und sekundären Beschlüsse der Bundesregierung bedürfen wie im Verfahren des Bundeszwanges keiner Zustimmung des Bundesrates oder des Bundestages. Die Mitwirkung des Bundesrates an der Durchführung der — sekundären — Ermessensentscheidungen der Bundesregierung ist hier jedoch zum Teil anders als in Art. 37 Abs. 1 GG geregelt.

Gemeinsam ist hiernach den Vorschriften über den Bundeszwang, die Bundesaufsicht und die Polizeihilfe: Der Bundestag ist an den von der Bundesregierung zu treffenden Entscheidungen und ihrer Durchführung nicht unmittelbar beteiligt. Die staatsleitenden Akte der Bundesregierung kommen ohne eine parlamentarische Mitwirkung zustande. Es fehlt eine z. B. mit der Zustimmung des Bundestages nach Art. 59 Abs. 2 Satz 1 GG vergleichbare Regelung. Der Bundestag kann lediglich mittelbar an dem Verfahren des Bundeszwanges, der Bundesaufsicht und der Polizeihilfe teilnehmen, indem er von seinen ihm gemäß Art. 43 Abs. 1 und 44 Abs. 1 GG zustehenden Kontrollrechten gegenüber der Bundesregierung Gebrauch macht[83].

b) Schlichte Parlamentsbeschlüsse
zum Bundeszwang, zur Bundesaufsicht und zur Polizeihilfe

Es gibt bisher keine Beschlüsse des Bundestages, die den Bundeszwang, die Bundesaufsicht oder die Polizeihilfe zum Gegenstande haben. Anträge zu solchen Beschlüssen sind ebenfalls noch nicht eingebracht worden. Sollten der Bundeszwang, die Bundesaufsicht oder die Polizeihilfe einmal für den Bundestag aktuell werden, so sind inhaltlich zwei Gruppen schlichter Parlamentsbeschlüsse denkbar:

Der Bundestag kann sich einmal zu den im einzelnen von der Bundesregierung zu treffenden Feststellungen und Entscheidungen äußern und Beschlüsse fassen, die sich speziell auf die (primäre) Tatbestandsfeststellung, die (sekundäre) Ermessensentscheidung (Maßnahmenentscheidung) oder ihre Durchführung beziehen. Die Bundestagsbeschlüsse können aber auch schlechthin auf die Einleitung des Bundeszwanges, der Bundesaufsicht oder der Polizeihilfe bzw., wenn solche Verfahren schon im Gange sind, auf ihre Aufhebung gerichtet sein, ohne dabei die verschiedenen Akte der Bundesregierung voneinander zu trennen.

c) Bei der Tatbestandsfeststellung durch die Bundesregierung
nur Befugnis zu Stellungnahmen

Das Wesen der Entscheidung der Bundesregierung darüber, ob die Tatbestandsvoraussetzungen für den Bundeszwang, die Bundesaufsicht

---

[83] Vgl. auch Hans Schäfer, AöR 78, 17, 21.

oder die Polizeihilfe erfüllt sind, schließt verbindliche Beschlüsse und auch nur unverbindliche Vorschläge oder Anregungen des Bundestages hierbei aus. Nach dem Grundgesetz hat allein die Bundesregierung den Sachverhalt rechtlich zu würdigen sowie selbständig und unabhängig von der Mitwirkung anderer Staatsorgane festzustellen, ob bestimmte Vorgänge den Tatbestand der Art. 37 Abs. 1, 84 Abs. 3 Satz 1, 85 Abs. 4 Satz 1 oder 91 Abs. 1 und Abs. 2 Satz 1 GG verwirklichen. Die grundgesetzliche Regelung würde illusorisch, wenn man dem Bundestag die Befugnis einräumte, die Bundesregierung durch Beschluß zu binden, den jeweiligen konkreten Sachverhalt ebenso wie der Bundestag zu beurteilen. Ein Recht des Bundestages zu verbindlichen Beschlüssen würde in diesem Falle bedeuten, daß nicht mehr die Bundesregierung, sondern der Bundestag über die Tatbestandsverwirklichung zu befinden hätte. Das muß aber auch für unverbindliche Anregungen und Vorschläge etwa des Inhalts, die Bundesregierung möge der vom Bundestag vertretenen Meinung folgen, gelten. Diese nehmen zwar der Bundesregierung nicht die letzte Entscheidung. Im Ergebnis will der Bundestag jedoch auch mit solchen Beschlüssen die Bundesregierung veranlassen, sich seinem Urteil anzuschließen. Sie gefährden deshalb gleichfalls eine allein auf rechtlichen Wertungen beruhende Entscheidung der Bundesregierung; auch sie sind aus diesem Grunde mit den Vorschriften über die Tatbestandsfeststellung unvereinbar. Verbindlich gewollte Beschlüsse und Empfehlungen sind daher insoweit rechtswidrig.

Keine rechtlichen Bedenken bestehen dagegen, daß der Bundestag in einem Beschluß lediglich seine Ansicht zur Sachlage äußert, ohne dabei der Bundesregierung anheimzustellen, seiner Meinung beizutreten. Die Ausübung des Bundeszwanges, der Bundesaufsicht und der Polizeihilfe gehört zur Oberleitung und Führung des Staates, die dem Parlament und der Regierung „zur gesamten Hand" zustehen. Der Bundestag muß deshalb auf Grund seiner Teilhabe an der Leitung des Staates[84] auch berechtigt sein, in einem Beschluß lediglich zum Ausdruck zu bringen, wie er die Sachlage beurteilt. Bloße Stellungnahmen sind mithin rechtmäßig.

d) Bei der Ermessensentscheidung der Bundesregierung und ihrer Durchführung keine Befugnis zu verbindlich gewollten Beschlüssen

Der Bundestag kann die Bundesregierung nicht durch einen Beschluß verpflichten, sich für oder gegen den Bundeszwang, die Bundesaufsicht oder die Polizeihilfe zu entscheiden[85]. Ebensowenig kann er der Bundesregierung bindend vorschreiben, welche Maßnahmen im einzelnen in

---
[84] Siehe oben S. 84.
[85] So auch Maunz-Dürig, Rdn. 45 zu Art. 37 GG, und v. Mangoldt-Klein, Anm. IV 3 a zu Art. 37 GG, für das Verfahren des Bundeszwanges.

dem jeweiligen Verfahren von ihr zu treffen sind oder wie sie bei der Durchführung ihrer Maßnahmenentscheidung vorzugehen hat. Einer verbindlichen Einflußnahme des Bundestages steht entgegen, daß das Grundgesetz der Bundesregierung bei ihren Entscheidungen ausdrücklich einen Ermessensspielraum garantiert und die Wirksamkeit ihrer Entschließungen nicht von einer Zustimmung oder einer sonstigen Beteiligung des Bundestages abhängig macht. Es gibt unter den Vorschriften über den Bundeszwang, die Bundesaufsicht und die Polizeihilfe keine Bestimmung, aus der sich irgendwie eine Befugnis des Bundestages zu verbindlichen Beschlüssen ableiten ließe[86].

Die Befugnis der Bundesregierung, nach pflichtgemäßem Ermessen zwischen mehreren gleichermaßen rechtmäßigen Verhaltensweisen zu wählen, schließt hingegen nicht das Recht des Bundestages zu unverbindlichen Beschlüssen aus, selbst wenn diese über eine bloße Meinungsäußerung hinausgehen. Unverbindliche Beschlüsse nehmen der Bundesregierung nicht die Möglichkeit, die ihrer Ansicht nach zweckmäßigste Entscheidung zu treffen. Die Befugnis des Bundestages, die Bundesregierung bei der sekundären Ermessensentscheidung und bei ihrer Durchführung wenigstens durch unverbindliche Vorschläge und Anregungen oder bloße Meinungsäußerungen zu beeinflussen, kann ebenfalls aus der Teilhabe des Bundestages an der Oberleitung und Führung des Staates gefolgert werden.

Demnach sind hier neben Stellungnahmen auch Empfehlungen rechtmäßig und nur verbindlich gewollte schlichte Parlamentsbeschlüsse rechtswidrig.

e) Keine Befugnis zu verbindlich gewollten Beschlüssen zur Einleitung oder Aufhebung eines Verfahrens

Die Bundestagsbeschlüsse, die sich nicht ausdrücklich auf die (primäre) Tatbestandsfeststellung, die (sekundäre) Ermessensentscheidung oder ihre Durchführung beziehen, sondern allgemein die Einleitung oder Aufhebung des Bundeszwanges, der Bundesaufsicht oder der Polizeihilfe zum Gegenstande haben, sollen die Bundesregierung veranlassen, in Ausübung der ihr nach Art. 37 Abs. 1, 84 Abs. 3, 85 Abs. 4 oder 91 Abs. 2 GG zustehenden Rechte tätig zu werden bzw. von einem weiteren Vorgehen nach diesen Vorschriften abzusehen. Solche Beschlüsse sollen also dazu führen, daß die Bundesregierung nach den genannten Vorschriften rechtlich zulässige Maßnahmen ergreift oder wieder aufhebt.

---

[86] Vgl. demgegenüber die Rechtslage bei den sogenannten politischen Verträgen oben S. 74 ff.

Beschlüsse dieser Art betreffen mithin im Ergebnis die sekundäre Ermessensentscheidung der Bundesregierung. Sie sind infolgedessen nur dann rechtmäßig, wenn sie sich als Empfehlungen deuten lassen, da ja der Bundestag entsprechend den bereits gewonnenen Rechtsregeln lediglich unverbindlich gewollte Beschlüsse fassen darf. Können die Bundestagsbeschlüsse nach ihrem Wortlaut nur als verbindlich gewollt ausgelegt werden, sind sie rechtswidrig und rechtlich unwirksam.

4. Die Einbringung einer Gesetzesvorlage als Gegenstand schlichter Parlamentsbeschlüsse

a) Verfassungsrechtliche Regelung der Gesetzgebung und Verfassungswirklichkeit

Es ist die Kernfunktion des Parlaments, Rechtsnormen als Gesetze im formellen und materiellen Sinne zu erlassen. Zur Gesetzesinitiative sind freilich Parlament und Regierung gleichermaßen berechtigt; Gesetzesvorlagen können nicht nur aus der Mitte des Parlaments, sondern auch von der Regierung (sowie vom Bundesrat bzw. — in Bayern — vom Senat) eingebracht werden (Art. 76 Abs. 1 GG, Art. 71 BayVerf). Die Beschlußfassung aber ist Sache des Parlaments (Art. 77 Abs. 1 Satz 1 GG, Art. 72 Abs. 1 BayVerf); ihm fällt damit bei der Gesetzgebung die letzte Entscheidung zu.

In der Verfassungswirklichkeit hat sich das Schwergewicht bei dem Zustandekommen eines Gesetzes jedoch weitgehend zur Regierung verlagert[87]. Die Regierung bringt die Mehrzahl der Gesetzesvorlagen ein[88]. Das Parlament ist häufig gar nicht in der Lage, konkrete Gesetzentwürfe auszuarbeiten; es verfügt nicht immer über das notwendige Fachwissen und die Sachkunde, um die Gesetzesinitiative ausüben zu können[89]. Allein die Regierung besitzt auf Grund ihrer Verwaltungspraxis in Bund und Ländern die für die Gesetzgebung erforderlichen Erfahrungen und hat die Fachleute aufzuweisen, die eine organische und sach-

---

[87] Vgl. Kleinrahm, AöR 79, 140.
[88] Vgl. z. B. eine Mitteilung im Bulletin des Presse- und Informationsamtes der Bundesregierung v. 9. 3. 1962 (Nr. 47), S. 399. Hiernach sind während der drei Legislaturperioden vom 7. 9. 1949 bis zum 15. 10. 1961 dem Bundestag insgesamt 2291 Gesetzentwürfe vorgelegt worden; von ihnen sind 1319 von der Bundesregierung, 922 aus der Mitte des Bundestages und 50 vom Bundesrat eingebracht worden. Für Bayern vgl. die Tätigkeitsberichte des Bayerischen Landtages über die 2. Wahlperiode 1950—1954, S. 23, und über die 3. Wahlperiode 1954—1958, S. 42, nach denen in der Wahlperiode 1950—1954 von der Staatsregierung 134, von Abgeordneten 79 und vom Senat 4 und in der Wahlperiode 1954—1958 von der Staatsregierung 91, von Abgeordneten 113 Gesetzesvorlagen sowie vom Senat 1 Gesetzesvorlage eingebracht worden sind.
[89] Vgl. Werner Gross, DVBl. 1954, 324.

gerechte Gesetzgebung gewährleisten[90]. Das Parlament ist deshalb in der Regel auf die Gesetzesinitiative der Regierung angewiesen. Ebenso ist dem Parlament nur selten eine eigenschöpferische Tätigkeit bei der Beratung und Verabschiedung der von der Regierung vorgelegten Gesetzentwürfe möglich[91].

b) Beispiele für schlichte Parlamentsbeschlüsse zur Einbringung eines Gesetzentwurfs

Das Unvermögen des Parlaments, von seinem Recht der Gesetzesinitiative Gebrauch zu machen, führt immer wieder zu Beschlüssen, durch die die Regierung zur Einbringung einer Gesetzesvorlage veranlaßt werden soll. Solche Beschlüsse (des Bundestages bzw. des Bayerischen Landtages) lauten z. B. folgendermaßen:

„Die Bundesregierung wird aufgefordert, den Entwurf eines Arzneimittelgesetzes vorzulegen"[92].

„Die Staatsregierung wird ersucht, dem Landtag beschleunigt den Entwurf eines neuen Meldegesetzes vorzulegen; darin soll das Meldeverfahren auf das unbedingt erforderliche Maß beschränkt und wesentlich vereinfacht werden"[93].

c) Befugnis zu verbindlichen Beschlüssen

Obwohl sich in der Verfassungswirklichkeit das Schwergewicht im Gesetzgebungsverfahren auf die Regierung verlagert hat, bleibt es nach der Verfassung trotzdem die Aufgabe des Parlaments, die Gesetze im formellen und materiellen Sinne zu schaffen. Das Parlament kann dieser ihm obliegenden Funktion bei den tatsächlichen Gegebenheiten praktisch jedoch nur gerecht werden, wenn die Regierung Beschlüssen des Parlaments, entsprechende Gesetzentwürfe auszuarbeiten und vorzulegen, in Ausübung des ihr zustehenden Initiativrechts auch nachkommt.

Die für das Gesetzgebungsverfahren geltende Kompetenzverteilung erfüllt demnach allein dann ihren Sinn und Zweck, wenn man die Befugnisse des Parlaments erweitert und aus der verfassungsrechtlichen Regelung der Gesetzgebung das Recht des Parlaments folgert, durch Beschluß die Regierung zur Vorlage eines seinen Wünschen entsprechenden Gesetzentwurfs zu verpflichten.

---

[90] Vgl. Kleinrahm, ebenda.
[91] Vgl. im einzelnen hierzu Kleinrahm, aaO, S. 142.
[92] StenBer d. 2. Wahlp., S. 6141 — Drucks. 1840.
[93] StenBer d. 4. Wahlp. — Beil. 621.

Das Gewaltenteilungsprinzip schließt eine solche Befugnis des Parlaments nicht aus, da sie nicht die Kernfunktion der Exekutive berührt, sondern vielmehr als ein Ausfluß der Kernfunktion des Parlaments anzusehen ist. — Auch das Gesetzmäßigkeitsprinzip[94] steht weder im Sinne der Vorrang- noch der Vorbehaltskomponente entgegen. Es kann durch Beschlüsse des Parlaments, die die Einbringung eines bestimmten Gesetzentwurfs durch die Regierung betreffen, wesensmäßig nicht tangiert werden. — Ebensowenig können Sinn und Zweck des parlamentarischen Regierungssystems ein Grund dafür sein, hier eine Befugnis des Parlaments zu verbindlichen Beschlüssen abzulehnen[95]. Dem Parlament bleiben durch die Beschlußfassung über die eingebrachten Gesetzesvorlagen die letzte Entscheidung und die Verantwortung. — Schließlich kann auch die Regelung des Art. 65 GG (Art. 47 Abs. 2 BayVerf) nicht zur Beurteilung schlichter Parlamentsbeschlüsse herangezogen werden[96].

Nach allem wird man dem Parlament nicht das ungeschriebene Recht bestreiten können, von der Regierung durch einen verbindlichen Beschluß die Einbringung eines seinen Wünschen entsprechenden Gesetzentwurfs zu verlangen. Verbindlich gewollte schlichte Parlamentsbeschlüsse sind daher in diesem Bereich rechtmäßig und rechtlich wirksam.

d) Verbindlichkeit der als Beispiele angeführten Beschlüsse

Die vorstehend zitierten Beschlüsse zur Vorlage eines Arzneimittel- bzw. eines Meldegesetzentwurfs sind als verbindlich gewollt zu interpretieren. Ersuchen und Aufforderungen sind im Zweifel als verbindlich gewollte schlichte Parlamentsbeschlüsse zu deuten, wenn das Parlament zu einer derartigen Einflußnahme auf das Verhalten der Exekutive befugt ist[97]. Sie sind nach den aus der Verfassung abgeleiteten Regeln rechtmäßig und rechtswirksam.

Die Bundesregierung ist folglich durch den Beschluß des Bundestages verpflichtet worden, den Entwurf eines Arzneimittelgesetzes vorzulegen[98]. Ebenso hatte die Bayerische Staatsregierung auf Grund des für sie verbindlichen Landtagsbeschlusses den Entwurf eines neuen Meldegesetzes einzubringen, das den Vorstellungen des Landtages entsprach[99].

---

[94] Siehe dazu oben 3. Kap., II.
[95] Siehe oben 3. Kap., III.
[96] Siehe oben 3. Kap., IV.
[97] Siehe oben 2. Kap., IV.
[98] Vgl. hierzu das Gesetz über den Verkehr mit Arzneimitteln (Arzneimittelgesetz) v. 16. 5. 1961 (BGBl. I, 533) in der Fassung v. 25. 7. 1961 (BGBl. I, 1076).
[99] Das neue Meldegesetz trägt das Datum v. 28. 11. 1960 (GVBl. S. 263).

4. Kapitel: Beschlüsse in den staatlichen Tätigkeitsbereichen

B. Verwaltungsbereich

1. Inhaltsbestimmung

Der Bereich der Verwaltung im funktionellen (oder gegenständlichen) Sinne besteht aus der laufenden Tätigkeit des Staates. In den Verwaltungsbereich fallen alle die Maßnahmen und Entscheidungen eines Hoheitsträgers bzw. seiner Organe, die nicht ausschließlich verfassungsrechtlicher Natur sind und sich auch nicht als Akte der Rechtsprechung (im Sinne einer unabhängigen Gerichtsbarkeit) erweisen[100]. Die Akte des eigentlichen Verfassungslebens, die nur nach Verfassungsrecht zu beurteilen sind, wie z. B. die Wahl des Bundeskanzlers oder die Ausübung des Bundeszwanges, zählen dagegen, was bereits an anderer Stelle dargelegt worden ist[101], zum Regierungsbereich. Während die dem Regierungsbereich zuzurechnenden Akte unmittelbar den Staat im ganzen betreffen, stellt sich die zum Verwaltungsbereich gehörende Tätigkeit des Staates als die Ausführung und Verwirklichung der festgelegten Aufträge und Staatszwecke im besonderen und einzelnen sowie als das Technische und Lokale dar[102].

Hiernach umfaßt der Bereich der Verwaltung (im funktionellen Sinne) in erster Linie die Vollziehung der Gesetze. Es ist ihm aber auch das Handeln der Exekutivorgane zuzuordnen, das sich nicht als Gesetzesausführung durch den Erlaß von Einzelakten gegenüber Rechtsträgern oder als staatsleitende Tätigkeit auf Grund besonderer verfassungsrechtlicher Ermächtigung qualifizieren läßt. Endlich gehören hierher die organisatorischen Maßnahmen zur institutionellen Ordnung des Staates, wie z. B. die Schaffung von Behörden und anderen staatlichen Einrichtungen.

2. Die verfassungsrechtliche Regelung der Zuständigkeiten und Befugnisse im Verwaltungsbereich

Es ist grundsätzlich allein Sache der Exekutivorgane, die Maßnahmen und Entscheidungen im Verwaltungsbereich zu treffen. Dies gilt namentlich für den Erlaß gesetzesvollziehender Einzelakte gegenüber Rechtsträgern. Die prinzipielle Zuständigkeit der Verwaltungsbehörden bedeutet eine zusätzliche Absicherung der Freiheitssphäre der Betroffenen[103]. Sie ermöglicht weiterhin ein Verhalten des Staates, das dem Einzelfall gerecht werden kann[104].

---

[100] Vgl. Obermayer, Grundzüge, S. 5.
[101] Oben S. 82 ff.
[102] Vgl. Scheuner, SmendF I, S. 275 ff; Hans Peters, LaforetF, S. 26; Dahm, Recht, S. 308.
[103] Vgl. Obermayer, Rechtsetzungsakte, S. 228.
[104] Siehe Lerche, NJW 1961, 1759.

Das Parlament kann sich unmittelbar nur im Wege der Gesetzgebung der Verwaltung im funktionellen Sinne bemächtigen, indem es beispielsweise beim Erlaß von Gesetzen mehr oder weniger ins Technische und Einzelne geht oder sogenannte Maßnahmegesetze verabschiedet[105]. Dabei sind unter Maßnahmegesetzen solche Gesetze zu verstehen, die Rechtsnormen mit abgeschlossener Tatbestandsverwirklichung oder Einzelakte gegenüber Rechtsträgern enthalten[106]. Die Zulässigkeit derartiger Maßnahmegesetze ist zwar nicht unbestritten[107]; ihr Erlaß wird jedoch als eine legitime Aufgabe des Parlaments anzuerkennen sein, soweit höherrangige Rechtsgüter, wie etwa das Gebot der materiellen Gerechtigkeit, die Grundsätze der formellen Gleichbehandlung und der Vorhersehbarkeit verdrängen[108]. Und schließlich wirkt das Parlament vor allem durch die Verabschiedung des Haushaltsplangesetzes noch unmittelbar an der Verwaltung mit. Es bestimmt z. B. durch die Festlegung des Stellenplanes die Grenzen der personellen Erweiterung einer Behörde[109]. Ferner bindet es die Verwaltungsbehörden weitgehend in der Vergabe staatlicher Mittel, wenn es die entsprechenden Ausgabenposten stark detailliert[110].

Durch die Ausübung seiner Kontrollrechte, insbesondere des Interpellationsrechts (Art. 43 Abs. 1 GG, Art. 24 Abs. 1 BayVerf) und des Rechts, Untersuchungsausschüsse einzusetzen (Art. 44 Abs. 1 GG, Art. 25 BayVerf), kann das Parlament lediglich mittelbar die Verwaltung im funktionellen Sinne mitgestalten.

Das Parlament ist demnach an der Verwaltung nicht in demselben Maße wie an der Regierung (im funktionellen Sinne) beteiligt. Die Verwaltung steht nicht wie die Führung und Oberleitung des Staates dem Parlament und der Regierung (als Institution verstanden) zur gesamten Hand zu.

3. Einteilung der schlichten Parlamentsbeschlüsse im Verwaltungsbereich und Beispiele

Die schlichten Parlamentsbeschlüsse, die den Verwaltungsbereich zum Gegenstande haben, lassen sich inhaltlich in drei Gruppen unterteilen:

---

[105] Vgl. Scheuner, DÖV 1957, 635; Hans Peters, aaO, S. 27; Ridder, DÖV 1957, 511; Werner Weber, C. SchmittF, S. 262 f.
[106] Siehe Obermayer, Grundzüge, S. 28, und Rechtsetzungsakte, S. 132 f.
[107] Zum Streitstand siehe Konrad Huber, Maßnahmegesetz, S. 10 ff, und Jesch, Gesetz, S. 172.
[108] So Obermayer, Grundzüge, ebenda; vgl. auch Jesch, aaO, S. 172. Eine Erörterung der im einzelnen bestehenden Streitfragen und der dazu vertretenen Ansichten muß hier unterbleiben, da sie über die der vorliegenden Arbeit gesteckten Grenzen hinausgehen würde.
[109] Vgl. Obermayer, VA, S. 120.
[110] Siehe oben S. 95.

4. Kapitel: Beschlüsse in den staatlichen Tätigkeitsbereichen

Die erste Gruppe umfaßt alle die schlichten Parlamentsbeschlüsse, die den *Vollzug eines Gesetzes durch Erlaß von Einzelakten gegenüber Rechtsträgern* betreffen. Dabei sind die Beschlüsse, die den Vollzug eines Gesetzes gegenüber einem bestimmten oder zumindest bestimmbaren Betroffenenkreis berühren, von den Beschlüssen zu unterscheiden, die sich auf die Ausführung eines Gesetzes gegenüber einem unbestimmten Betroffenenkreis beziehen. Ein Beispiel für schlichte Parlamentsbeschlüsse der erstgenannten Art ist der folgende Beschluß des Bayerischen Landtages:

"Die Eingabe der ET-Taxen-Vereinigung in N. wird der Staatsregierung zur Berücksichtigung hinübergegeben mit der Maßgabe, über die Regierung von Mittelfranken den Stadtrat in N. anzuweisen, den ehemaligen ET-Unternehmern eine Fahrgenehmigung zu erteilen, soweit die persönliche Zuverlässigkeit der Antragsteller gegeben und die Sicherheit und Leistungsfähigkeit des Betriebes gewährleistet sind"[111].

Schlichte Parlamentsbeschlüsse zum Vollzug eines Gesetzes gegenüber einem unbestimmten Betroffenenkreis sind z. B. die nachstehenden Beschlüsse des Bundestages und des Bayerischen Landtages:

"Die Bundesregierung wird ersucht, den Butterzoll ab 10. 11. 1959 bis zum Inkrafttreten der entsprechenden Verordnung (gemeint ist eine Verordnung, nach der der Einfuhrzoll für Butter aufgehoben wird) zu stunden"[112].

"Der Bundestag erwartet, daß gerade dieses Gesetz (gemeint ist das Zweite Gesetz zur Änderung des Kriegsgefangenenentschädigungsgesetzes) nicht einengend, sondern so ausgelegt werden sollte, daß es bei natürlicher Betrachtungsweise den Personen zugute kommt, denen mit diesem Gesetz geholfen werden soll. Die unübersehbare Vielseitigkeit der Verhältnisse während und nach dem Zusammenbruch läßt eine Erfassung aller Tatbestände durch Ausführung im einzelnen praktisch nicht zu. Es wird daher auf eine aufgeschlossene, menschliche Auslegung der Gesetzesbestimmungen ankommen, die bestimmend und leitend für die Schaffung dieses Gesetzes gewesen ist"[113].

"Die Staatsregierung wird ersucht, den Vollzug der gesetzlichen Bestimmungen über Ausländer gegenüber unerwünschten Personen schärfer zu handhaben und insbesondere die politische Betätigung von Ausländern in Bayern soweit einzuschränken, daß die öffentliche Sicherheit und Ordnung nicht gefährdet ist"[114].

---
[111] StenBer d. 3. Wahlp. — Beil. 2058.
[112] StenBer (BT) d. 3. Wahlp., S. 4681 — Drucks. 1344.
[113] StenBer d. 2. Wahlp., S. 8963 — Umdruck 778.
[114] StenBer (BayLT) d. 4. Wahlp. — Beil. 620.

Die zweite Gruppe bilden die schlichten Parlamentsbeschlüsse, die die Exekutive zu einem Verhalten mit oder auch ohne unmittelbar rechtserhebliche Außenwirkung veranlassen sollen, das *weder Vollzug eines Gesetzes gegenüber Rechtsträgern* darstellt *noch zum Regierungsbereich* zu rechnen ist. Hierher gehört insbesondere eine Reihe von Beschlüssen, die auf staatliche Leistungen im weitesten Sinne gerichtet sind. Zur zweiten Gruppe zählen z. B. Beschlüsse (des Bundestages bzw. des Bayerischen Landtages) wie diese:

„Die Bundesregierung wird ersucht, zur Erhaltung unserer Baukultur und des Steinmetz- und Steinbildhauergewerbes im Rahmen der haushaltsrechtlichen Gegebenheiten die Verwendung von Naturwerksteinen zu fördern"[115].

„Die Staatsregierung wird beauftragt, den Beamten, Beamtenanwärtern usw. des bayerischen Staates unter Vorwegnahme einer späteren gesetzlichen Regelung noch vor Weihnachten Weihnachtszuwendungen vorschußweise in der gleichen Höhe wie im Vorjahr auszuzahlen"[116].

„Die Sporterholungskuren des VdK für körperversehrte Kinder werden mit staatlichen Mitteln gefördert"[117].

Zur dritten Gruppe gehören alle die schlichten Parlamentsbeschlüsse, die *organisatorische* Maßnahmen und Akte mit oder ohne unmittelbare Rechtswirkungen im Außenverhältnis zum Gegenstande haben. Folgende Beschlüsse des Bundestages bzw. des Bayerischen Landtages sind dieser Gruppe zuzuordnen:

„Der Bundeskanzler wird ersucht, ein Bundesamt für Besatzungsfragen und auswärtige Angelegenheiten einzurichten, das den ganzen Bereich der mit der internationalen Politik zusammenhängenden Fragen bearbeiten und auch eine politische Abteilung erhalten soll"[118].

„Der Bundestag hält es für erwünscht, daß sowohl Berlin als auch Bonn als Amtssitz des Bundesministers für gesamtdeutsche Fragen bestimmt werden"[119].

„Die Staatsregierung wird ersucht, eine außerordentliche Professur für theoretische Physik an der Universität München ab 1957 zu schaffen"[120].

---

[115] StenBer (BT) d. 1. Wahlp., S. 4053 — Drucks. 1628.
[116] StenBer (BayLT) d. 3. Wahlp. — Beil. 5.
[117] StenBer (BayLT) d. 3. Wahlp. — Beil. 1137.
[118] StenBer d. 1. Wahlp., S. 2094.
[119] StenBer d. 2. Wahlp., S. 4640 — Drucks. 1314.
[120] StenBer (BayLT) d. 3. Wahlp. — Beil. 1753.

4. Kapitel: Beschlüsse in den staatlichen Tätigkeitsbereichen 109

4. Schlichte Parlamentsbeschlüsse zum Gesetzesvollzug durch Erlaß von Einzelakten gegenüber Rechtsträgern

a) Gesetzesvollzug gegenüber einem zumindest bestimmbaren Betroffenenkreis

(1) Keine Befugnis zu verbindlichen Beschlüssen

Der Erlaß gesetzesvollziehender Einzelakte gegenüber Rechtsträgern gehört nach dem Gewaltenteilungsprinzip zur Kernfunktion der Exekutive. Das Parlament kann daher nicht etwa selbst ein Gesetz gegenüber einem einzelnen Rechtsträger oder einem wenigstens bestimmbaren Kreis von Rechtsträgern vollziehen, indem es in Beschlußform einen einzelnen Vollzugsakt oder ein Bündel von gesetzesvollziehenden Einzelakten erläßt. Es kann aber auch nicht die Exekutive durch Beschluß zur Vornahme von Verwaltungsakten gegenüber einem bestimmten Rechtsträger oder einem mindestens bestimmbaren Betroffenenkreis verpflichten[121]. Die Exekutive würde ihrer durch das Gewaltenteilungsprinzip verbürgten Hauptaufgabe beraubt, räumte man dem Parlament die Befugnis ein, ebenfalls gesetzesvollziehende Einzelakte zu erlassen oder der Exekutive die Vornahme von Verwaltungsakten bindend vorzuschreiben. Ein solches Recht des Parlaments ist mit der für den Verwaltungsbereich geltenden Verteilung der Zuständigkeiten und Befugnisse auf Parlament und Exekutive unvereinbar.

Schlichte Parlamentsbeschlüsse, die Gesetzesvollzug durch den Erlaß von Einzelakten darstellen, sowie schlichte Parlamentsbeschlüsse, die die Exekutive zur Vornahme von Verwaltungsakten bindend veranlassen sollen, sind mithin rechtswidrig und rechtlich unwirksam[122].

(2) Befugnis zu unverbindlichen Beschlüssen

Das Gewaltenteilungsprinzip schließt nicht ein Recht des Parlaments aus, die Exekutive durch schlichte Beschlüsse zum Erlaß von gesetzesvollziehenden Einzelakten gegenüber einem bestimmten Rechtsträger oder einem zumindest bestimmbaren Kreis von Rechtsträgern lediglich anzuregen[123]. Solche unverbindlichen Beschlüsse beschränken nicht die prinzipielle Zuständigkeit der Exekutive. Das Parlament überläßt mit ihnen der Exekutive die Entscheidung, die sie nach der Verfassung in eigener Verantwortung zu treffen hat. Unverbindliche Beschlüsse vereiteln auch nicht den durch das Gewaltenteilungsprinzip bewirkten zu-

---
[121] Vgl. oben S. 50.
[122] Vgl. oben S. 50.
[123] Vgl. oben S. 50.

sätzlichen Schutz der Freiheitssphäre des Betroffenen. Sie machen es der Exekutive ferner nicht unmöglich, bei ihrer Entscheidung dem Einzelfall gerecht zu werden.

Die Befugnis des Parlaments zu derartigen unverbindlichen Beschlüssen läßt sich aus seiner beschränkten Mitwirkung an den im Verwaltungsbereich zu fällenden Entscheidungen ableiten. Das Parlament ist nach der Verfassung nicht völlig von der Verwaltung (im funktionellen Sinne) ausgeschlossen. Es kann sich namentlich durch die Ausübung seiner Kontrollrechte mit dem Gesetzesvollzug durch die Exekutive befassen und sich auf diese Weise auch an der Verwaltung beteiligen.

Unverbindlich gewollte schlichte Parlamentsbeschlüsse, die die Exekutive zur Vornahme gesetzesvollziehender Einzelakte veranlassen sollen, sind deshalb rechtmäßig.

b) Gesetzesvollzug gegenüber einem unbestimmten Betroffenenkreis

(1) Keine Befugnis zu verbindlichen Beschlüssen

Mit Beschlüssen zur Ausführung eines Gesetzes gegenüber einem unbegrenzten Betroffenenkreis versucht das Parlament, eine unbestimmte Zahl von Rechtsträgern zu erfassen. Eine Verbindlichkeit dieser Beschlüsse kann daher nur dann angenommen werden, wenn sie die Wirkungen von Rechtsnormen oder von lediglich intern wirkenden Verwaltungsvorschriften bzw. Einzelakten entfalten können, die den Vollzug des Gesetzes für eine unbestimmte Vielzahl von Einzelfällen verbindlich regeln.

Die Möglichkeit einer Rechtsnormqualität schlichter Parlamentsbeschlüsse scheidet generell aus[124]. Da Rechtsnormen dem Gesetzesvorbehalt unterliegen, können schlichte Parlamentsbeschlüsse nicht die Wirkungen von Rechtsnormen entfalten und damit auch nicht als solche die Exekutive binden.

Schlichte Parlamentsbeschlüsse zur Ausführung eines Gesetzes gegenüber einem unbestimmten Betroffenenkreis können aber auch nicht als nur staatsintern wirkende, d. h. lediglich die Verwaltungsorgane bindende Verwaltungsvorschriften oder Einzelakte qualifiziert werden. Solche rein innerdienstlichen Anordnungen wenden sich entweder an eine unbestimmte Zahl von öffentlich-rechtlichen Organen (Verwaltungsvorschriften) oder an bestimmte öffentlich-rechtliche Organe (Einzel-

---

[124] Dies ist bereits oben (3. Kap., II) bei der Erörterung der Frage festgestellt worden, inwieweit aus dem Gesetzmäßigkeitsprinzip die Unverbindlichkeit schlichter Parlamentsbeschlüsse gefolgert werden kann.

4. Kapitel: Beschlüsse in den staatlichen Tätigkeitsbereichen 111

akte)[125]. Sie werden von vorgesetzten Behörden bzw. Organen zur Regelung der Verwaltungstätigkeit (etwa der Ausführung eines Gesetzes) nachgeordneter Behörden des gleichen Hoheitsträgers erlassen[126]. Das Parlament kann nicht mit derartigen innerdienstlichen Akten den Gesetzesvollzug durch die Verwaltungsbehörden regeln. Es würde sich dadurch gleichsam zur obersten und vorgesetzten Verwaltungsbehörde aufwerfen. Dies widerspräche jedoch dem Gewaltenteilungsgrundsatz. Die durch ihn garantierte prinzipielle Zuständigkeit der Exekutivorgane zum Gesetzesvollzug geht verloren, wenn man dem Parlament das Recht zugesteht, der Regierung bzw. den ihr nachgeordneten Behörden ein bestimmtes Verhalten bei der Ausführung von Gesetzen verbindlich vorzuschreiben.

Das Parlament kann also auch die Anwendung der Gesetze durch die Exekutive gegenüber einem unbestimmten Betroffenenkreis nicht verbindlich regeln. Verbindlich gewollte schlichte Parlamentsbeschlüsse sind insoweit rechtswidrig und unwirksam.

(2) Befugnis zu unverbindlichen Beschlüssen

Wie das Parlament befugt ist, durch schlichte Beschlüsse der Exekutive die Vornahme eines bestimmten Verwaltungsaktes anheimzustellen, so muß man ihm aus den gleichen rechtlichen Erwägungen auch das Recht einräumen, durch unverbindliche Beschlüsse auf das Verhalten der Exekutive beim Gesetzesvollzug gegenüber einem unbestimmten Kreis von Rechtsträgern einzuwirken. Die verfassungsrechtlichen Grundlagen sind in beiden Fällen dieselben.

Das Parlament darf also der Regierung beispielsweise empfehlen, bei der Anwendung einzelner Gesetzesbestimmungen allgemein einen strengeren Prüfungsmaßstab als bisher anzulegen.

c) Beurteilung der als Beispiele wiedergegebenen Bundestags- und Landtagsbeschlüsse

Der Beschluß des Bayerischen Landtages zur Eingabe der ET-Taxen-Vereinigung in N. ist als ein Beispiel für schlichte Parlamentsbeschlüsse zum Gesetzesvollzug gegenüber einem zumindest bestimmbaren Betroffenenkreis zitiert worden. Er ist als verbindlich gewollt zu deuten. Es heißt in ihm: „Die Eingabe wird *zur Berücksichtigung* hinübergegeben *mit der Maßgabe, ... den Stadtrat in N. anzuweisen ...*"[127]. Hätte der Bayerische Landtag lediglich gesagt: „Die Eingabe der ET-Unternehmer wird der

---
[125] Vgl. Obermayer, Grundzüge, S. 19 f.
[126] Vgl. Obermayer, ebenda.
[127] Hervorhebungen vom Verfasser.

Staatsregierung zur Würdigung überwiesen", so könnte der Beschluß noch als unverbindlich gewollt ausgelegt werden. Der Umstand aber, daß der Landtag der Staatsregierung ausdrücklich aufgegeben hat, in einer ganz bestimmten Form der genannten Eingabe zu entsprechen und für die Erteilung einer Fahrgenehmigung zu sorgen, sowie der Sinn der dabei verwendeten Worte („zur Berücksichtigung . . . mit der Maßgabe, . . . anzuweisen") lassen nur einen Schluß zu: Die Entscheidung der Staatsregierung sollte nach dem Willen des Landtages bindend festgelegt werden (vgl. auch § 87 Abs. 3 GeschOBayLT). Da jedoch das Parlament die Exekutive nach den gewonnenen Rechtsregeln nicht zum Erlaß eines gesetzesvollziehenden Einzelaktes gegenüber einem bestimmten Rechtsträger verpflichten kann, ist dieser Beschluß des Bayerischen Landtages als rechtswidrig und rechtlich unwirksam zu betrachten. Die Staatsregierung ist nicht verpflichtet gewesen, über die Regierung von Mittelfranken den Stadtrat in N. anzuweisen, in dem vom Landtag gewünschten Sinne zu verfahren.

Die beiden Bundestagsbeschlüsse und der Landtagsbeschluß, die als Beispiele für Beschlüsse zur Ausführung eines Gesetzes gegenüber einem unbestimmten Betroffenenkreis wiedergegeben worden sind, lassen sich wegen der in ihnen gebrauchten Wendungen („ersucht" bzw. „erwartet") auch als unverbindlich gewollt auslegen. Sie stellen Empfehlungen dar und sind als solche rechtmäßig. Die Bundesregierung ist z. B. durch den Beschluß des Bundestages wegen des Butterzolles nicht verpflichtet worden, diesen vorübergehend zu stunden.

d) *Schlichte Parlamentsbeschlüsse und Gesetzesinterpretation*

Das *Bundesverwaltungsgericht* hat in seiner bereits erwähnten Entscheidung vom 20. 1. 1961[128] ausgeführt, daß mit Rücksicht auf eine bei der Verabschiedung des Gesetzes gefaßte Entschließung als Inhalt des Gesetzesbefehls festgestellt werden könne, daß der Bundesfinanzminister die vorgesehene Rechtsverordnung mit einem ganz konkreten Inhalt zu erlassen hatte; eine *nach* der Verabschiedung des Gesetzes gefaßte weitere Bundestagsentschließung hat es demgegenüber für rechtlich unerheblich gehalten. Das Gericht ist hiernach jedenfalls der Ansicht, daß bestimmte schlichte Parlamentsbeschlüsse zur Ermittlung des Sinngehalts eines Gesetzes herangezogen werden können.

Die vom *Bundesverwaltungsgericht* vertretene Meinung führt zu der grundsätzlichen Frage, ob schlichte Parlamentsbeschlüsse, die sich auf die Ausführung eines Gesetzes beziehen, etwa als authentische Inter-

---

[128] BVerwGE 12, 16.

4. Kapitel: Beschlüsse in den staatlichen Tätigkeitsbereichen

pretation betrachtet oder zumindest als ein Anhaltspunkt für eine richtige Auslegung des betreffenden Gesetzes, d. h. als Auslegungsbehelf, verwertet werden können.

Unter *authentischer Interpretation* wird die autoritative Sinnermittlung eines Gesetzes durch seinen Urheber (den Gesetzgeber) verstanden, die künftighin mit der gleichen Kraft gilt wie das Gesetz selbst[129]. Authentische Interpretation ist materiell Aufstellung einer Rechtsnorm[130]. Schlichte Parlamentsbeschlüsse können aber nicht die Wirkungen von Rechtsnormen entfalten[131]. Hieraus folgt, daß eine authentische Interpretation durch schlichte Parlamentsbeschlüsse nicht möglich ist[132]. Schlichte Parlamentsbeschlüsse können deshalb auch nicht mit der Begründung, sie stellten eine authentische Interpretation dar, als für die Exekutive bindend angesehen werden.

Alles dies gilt gleichermaßen für *bei* wie für *nach* der Gesetzesverabschiedung gefaßte schlichte Beschlüsse und ohne Rücksicht darauf, ob der Bundesrat in irgendeiner Form die Willensäußerung des Parlaments gebilligt hat[133]. Das *Bundesverwaltungsgericht* sieht hingegen das Fehlen der Gesetzesform und der Mitwirkung des Bundesrates nur hinsichtlich des zweiten, nach der Gesetzesverabschiedung ergangenen Bundestagsbeschlusses als wesentlich dafür an, daß dieser für die Exekutive nicht verbindlich ist. Dem ersten Beschluß legt es deshalb eine maßgebliche Bedeutung für die Gesetzesauslegung bei, weil dieser die Billigung des Bundesrates gefunden hatte. Dabei lassen die Ausführungen des *Bundesverwaltungsgerichts* allerdings nicht eindeutig erkennen, ob das Gericht dem Beschluß wegen seiner Billigung durch den Bundesrat den Charakter einer authentischen Interpretation hat zusprechen wollen. Sollte dies die Meinung des *Bundesverwaltungsgerichts* sein, so könnte dem nicht gefolgt werden. Selbst eine vom Bundesrat ausdrücklich erklärte Zustimmung zu einem schlichten Parlamentsbeschluß läßt diesen nicht zu einem Akt werden, der einem förmlichen Gesetz gleichkommt[134].

Die weitere Frage, ob schlichte Parlamentsbeschlüsse wenigstens als *Auslegungsbehelf* verwendet werden können, berührt das Problem, ob für die Interpretation eines Gesetzes sein objektiver Sinngehalt oder die Vorstellungen und Absichten des historischen Gesetzgebers maßgebend sind. Die Auffassungen hierüber sind geteilt[135].

---

[129] Siehe Goessl, Organstreitigkeiten, S. 44 mit Nachweisen.
[130] Vgl. Goessl, aaO, S. 44 f; Engisch, Einführung, S. 94.
[131] Siehe oben S. 54.
[132] Ebenso Bachof, Rechtsprechung, S. 114 f, und Lerche, NJW 1961, 1758 f.
[133] Siehe hierzu Bachof, ebenda, und Friedrich Klein, JuS 1964, 182 f.
[134] Vgl. Bachof, ebenda, und Lerche, ebenda.
[135] Zum Streitstand siehe Engisch, aaO, S. 88 f.

Nach der sogenannten subjektiven Theorie ist für die Auslegung eines Gesetzes der bei der Schaffung und dem Erlaß des Gesetzes wirksame Wille des historischen Gesetzgebers entscheidend. Dieser Wille soll sich aus der gesamten Entstehungsgeschichte des betreffenden Gesetzes und aus den sogenannten Gesetzesmaterialien (z. B. den Niederschriften über die Beratungen der Gesetzgebungsausschüsse, der Begründung des Gesetzes, Äußerungen der an dem Gesetzgebungsverfahren beteiligten Organe) ergeben[136]. Nach der sogenannten objektiven Theorie ist dagegen für die Auslegung einer Gesetzesvorschrift „der in dieser zum Ausdruck kommende objektivierte Wille des Gesetzgebers, so wie er sich aus dem Wortlaut der Gesetzesbestimmung und dem Sinnzusammenhang ergibt, in den diese hineingestellt ist", maßgebend[137]. Beide Theorien stimmen trotz ihrer sonstigen Verschiedenheiten darin überein, daß auch die Anhänger der objektiven Theorie einen Rückgriff auf die Entstehungsgeschichte und die Gesetzesmaterialien zulassen, um den in der Gesetzesvorschrift objektivierten Willen des Gesetzgebers aufzuhellen[138]. Es ist also im Ergebnis sowohl nach der subjektiven als auch nach der objektiven Theorie statthaft, für die Auslegung eines Gesetzes Äußerungen der an seinem Zustandekommen beteiligten Staatsorgane zu verwerten, und zwar das eine Mal unmittelbar (subjektive Theorie), das andere Mal mittelbar (objektive Theorie)[139].

Hiernach ist es gleichgültig, welcher der beiden Theorien man sich anschließt, um grundsätzlich auch schlichte Parlamentsbeschlüsse zur Auslegung eines Gesetzes heranziehen zu können. Die schlichten Parlamentsbeschlüsse zur Ausführung eines Gesetzes bieten häufig Anhaltspunkte dafür, welcher Art die mit dem Gesetz vom Parlament erstrebte Regelung im einzelnen sein soll. Allerdings kommen als Auslegungsbehelf prinzipiell nur bei der Gesetzesverabschiedung selbst gefaßte Beschlüsse in Betracht. Auf nachträglich ergangene Beschlüsse wird man allenfalls dann zurückgreifen dürfen, wenn sie noch in die Legislaturperiode fallen, in der auch das betreffende Gesetz erlassen worden ist. Schlichte Parlamentsbeschlüsse zu Gesetzen, die in früheren Legislaturperioden verabschiedet worden sind, können nicht für die Ermittlung des gesetzgeberischen Willens verwertet werden; sie lassen sich nicht als Äußerungen des historischen Gesetzgebers betrachten.

Abschließend ist noch darauf hinzuweisen, daß schlichte Parlamentsbeschlüsse, die lediglich als *Indiz* für die richtige Auslegung einer Ge-

---

[136] Vgl. Engisch, ebenda, und Dahm, Recht, S. 43.
[137] Vgl. BVerfGE 1, 299 (312); Dahm, aaO, S. 43 f; Engisch, aaO, S. 89 ff.
[138] Vgl. Bachof, aaO, S. 99 mit Nachweisen aus der Rspr. des BVerwG, und Herbert Krüger, DVBl. 1961, S. 685 mit Nachweisen aus der Rspr. des BVerfG, des BGH sowie anderer Gerichte.
[139] Vgl. Herbert Krüger, ebenda.

4. Kapitel: Beschlüsse in den staatlichen Tätigkeitsbereichen   115

setzesvorschrift in Betracht kommen, die Exekutive nicht binden. Verbindlich ist für die Exekutive nur das Gesetz selbst[140].

5. Schlichte Parlamentsbeschlüsse, die nicht den Gesetzesvollzug durch Erlaß von Einzelakten gegenüber Rechtsträgern betreffen

Bei der rechtlichen Beurteilung der schlichten Parlamentsbeschlüsse, die nicht den Erlaß gesetzesvollziehender Einzelakte gegenüber Rechtsträgern durch die Exekutive zum Gegenstande haben, ist zu unterscheiden zwischen Beschlüssen, die Maßnahmen der Exekutive mit rechtlicher Außenwirkung gegenüber Rechtsträgern betreffen, und solchen, die sich auf Verwaltungshandlungen beziehen, die nicht den Rechtskreis von Rechtsträgern berühren. Zu den Maßnahmen mit unmittelbaren Rechtswirkungen im Außenverhältnis rechnen belastende und begünstigende Akte der Exekutive, wobei bei den letzteren hier vor allem an finanzielle Leistungen zugunsten einzelner oder Gruppen von ihnen (z. B. Subventionen) gedacht ist. Zu den Akten ohne rechtliche Außenwirkung gehören die innerbetrieblichen Leistungen des Staates. Damit sind solche Leistungen gemeint, die allein dazu bestimmt sind, den Staatsapparat in Gang zu halten[141].

a) Verwaltungshandlungen mit rechtlicher Außenwirkung

(1) Gesetzesvorbehalt für Belastungen und Begünstigungen — keine Ermächtigung durch das Haushaltsplangesetz zu finanziellen Leistungen zugunsten von Rechtsträgern

Handlungen der Exekutive, die den Rechtskreis von Rechtsträgern und nicht nur öffentlich-rechtliche Organe berühren, unterliegen dem Vorbehalt des Gesetzes. Vor allem müssen hier belastende Akte durch eine besondere gesetzliche Ermächtigung gedeckt sein. Das Prinzip des Gesetzesvorbehalts gilt jedoch ebenso für begünstigende Maßnahmen der Eingriffs- und der Leistungsverwaltung[142]. Die Exekutive bedarf also grundsätzlich auch dann einer gesetzlichen Ermächtigung, wenn sie einem Rechtsträger finanzielle Leistungen zukommen lassen will. Als solche staatlichen Leistungen sind namentlich die Subventionen zu nennen. Unter Subventionen werden alle wirtschaftlichen Förderungsmaßnahmen des Staates verstanden, die Rechtsträgern zugute kommen und

---
[140] Vgl. Bachof, aaO, S. 114 f, Lerche, ebenda, und Friedrich Klein, aaO, S. 189.
[141] Siehe Jesch, Gesetz, S. 184, 222 f.
[142] Siehe hierzu oben S. 54.

entweder in einem unmittelbaren Zuschuß und ähnlichen Vergünstigungen bestehen oder nur mittelbar eine Förderung bedeuten, wie z. B. steuerliche Vorteile[143].

In diesem Zusammenhang ist auch auf die Frage einzugehen, ob das Haushaltsplangesetz als eine gesetzliche Ermächtigung der Exekutive zur Erbringung von Leistungen angesehen werden kann, die einen Rechtsträger finanziell begünstigen. Die Ansichten hierüber sind geteilt. Die wohl überwiegende Meinung geht dahin, daß das Haushaltsplangesetz als Ermächtigungsgrundlage nicht ausreicht[144]. Das *Bundesverwaltungsgericht* hat demgegenüber die „etatmäßige Bereitstellung der zur Subventionierung erforderlichen Mittel als eine hinreichende Legitimation verwaltungsmäßigen Handelns" anerkannt[145]. Gegen die Auffassung, das Haushaltsplangesetz sei eine genügende Ermächtigungsgrundlage, läßt sich jedoch folgendes einwenden: Ihr widerspricht zunächst die Vorschrift des § 24 RHO, nach der durch den Haushaltsplan Rechte und Verbindlichkeiten Dritter nicht begründet werden. Ferner ist zu berücksichtigen, daß nicht die Einzelpläne mit ihren verschiedenen, in Kapitel und Titel eingeordneten Ansätzen veröffentlicht werden, sondern lediglich der Gesamtplan des Haushaltsplanes mit den Schlußzahlen der Einzelpläne. Nur der Gesamtplan wird mithin von der formellen Gesetzeskraft erfaßt. Er kann jedoch nicht als Ermächtigung zur Erbringung der erwähnten Leistungen angesehen werden, da er dem rechtsstaatlichen Erfordernis der Bestimmtheit einer jeden Rechtsgrundlage nicht gerecht wird. Allein die Einzelpläne könnten als eine sachlich nach Zweck und Inhalt hinreichend bestimmte und begrenzte Ermächtigung gewertet werden[146]. Da sie jedoch nicht publiziert werden, fehlt insoweit ein für die betroffenen Rechtsträger evidenter Rechtsetzungsakt[147].

Man wird also im Ergebnis feststellen müssen, daß das Haushaltsplangesetz nicht als eine ausreichende Ermächtigung für Subventionen wie überhaupt für finanzielle Leistungen des Staates zugunsten von Rechtsträgern gelten kann.

(2) Keine Befugnis zu verbindlichen oder auch
nur unverbindlichen Beschlüssen

Die Notwendigkeit einer besonderen gesetzlichen Grundlage sowohl für Belastungen als auch für Begünstigungen hat zur Folge, daß für solche Verwaltungshandlungen mit rechtlicher Außenwirkung schlichte

---
[143] Siehe Jesch, aaO, S. 178 mit Nachweisen.
[144] Zum Streitstand im einzelnen siehe Jesch, aaO, S. 185 f.
[145] BVerwGE 6, 282 (287).
[146] Vgl. Jesch, aaO, u. a. S. 186, 222 f, 226 f, zur Frage der Begrenzung und Spezifizierung einer Ermächtigung.
[147] Vgl. hinsichtlich der Ablehnung der Ansicht des BVerwG im einzelnen Obermayer, VVDStRL 18, 160, und Grundzüge, S. 71 Fußn. 49.

4. Kapitel: Beschlüsse in den staatlichen Tätigkeitsbereichen 117

Parlamentsbeschlüsse nicht die erforderliche Rechtsgrundlage abgeben können[148]. Dies schließt zugleich eine Befugnis des Parlaments sowohl zu verbindlichen als auch zu unverbindlichen Beschlüssen, die der Exekutive etwa bestimmte Förderungsmaßnahmen lediglich anheimstellen, aus.

Schlichte Parlamentsbeschlüsse sind deshalb in allen diesen Fällen rechtswidrig, gleichgültig ob sie verbindlich oder unverbindlich gewollt sind; verbindlich gewollte Beschlüsse sind außerdem rechtsunwirksam[149].

b) Innerbetriebliche Leistungen

(1) Erfordernis einer parlamentarischen Ermächtigung für innerbetriebliche Leistungen

Die innerbetrieblichen Leistungen dienen allein dazu, den Staatsapparat in Gang zu halten. Sie begünstigen nicht einzelne oder Gruppen von Rechtsträgern; ihr Rechtskreis wird hier nicht berührt. Dennoch wird man auch für die innerbetrieblichen Leistungen der Exekutive eine nach Zweck und Inhalt sachlich bestimmte und begrenzte Ermächtigung durch das Parlament fordern müssen. Die Notwendigkeit einer solchen Handlungsermächtigung ist aus der Aufgabe des Parlaments zu folgern, die staatlichen Mittel zu lenken und zu verteilen; diese Lenkungs- und Leitungsaufgabe wächst dem Parlament mit der Verabschiedung des Haushaltsplanes zu[150].

(2) Ausreichende Ermächtigung durch das Haushaltsplangesetz, nicht durch einen schlichten Parlamentsbeschluß

Für die rein innerbetrieblichen Leistungen wird — anders als bei staatlichen Leistungen mit rechtlicher Außenwirkung — die etatmäßige Bereitstellung der für sie erforderlichen Mittel prinzipiell als eine ausreichende Legitimation verwaltungsmäßigen Handelns betrachtet werden können[151]. Die Regelung des § 24 RHO steht dem nicht entgegen, da

---

[148] So kann die Exekutive z. B. nicht lediglich durch einen schlichten Parlamentsbeschluß zu Subventionen ermächtigt werden. Ebenso Bellstedt, DÖV 1961, 171; Gröpl, BayVBl. 1962, 195; a. A. BVerwGE 6, 282 (287), und BVerwG, DÖV 1959, 708, sowie Ipsen, Subventionierung, S. 41 f. Jesch, aaO, S. 227 (223) meint, daß ein schlichter Parlamentsbeschluß keine ausreichende Ermächtigung sei, „da die Verbindlichkeit solcher Beschlüsse umstritten ist". Dieser Argumentation kann nicht gefolgt werden. Schlichte Parlamentsbeschlüsse stellen nicht wegen ihrer umstrittenen Verbindlichkeit keine genügende Ermächtigung dar, sondern weil wegen des Gesetzesvorbehalts ein förmliches Gesetz als Rechtsgrundlage erforderlich ist. Ihre Verbindlichkeit ist ausgeschlossen, weil sie keine Ermächtigung für die Exekutive abgeben können.
[149] Siehe dazu ausführlich oben S. 55.
[150] Vgl. Jesch, aaO, S. 172 f, 205, 223, und oben S. 89 f.
[151] Ebenso Jesch, aaO, S. 223.

die innerbetrieblichen Leistungen nicht die Rechtssphäre von Rechtsträgern betreffen. Im übrigen können die Einzelpläne mit ihren verschiedenen, in Kapitel und Titel eingeordneten Ansätzen im allgemeinen als eine sachlich nach Zweck und Inhalt hinreichend bestimmte und begrenzte Ermächtigung angesehen werden[152]. Sie werden zwar nicht von der formellen Gesetzeskraft erfaßt. Auf diese kommt es jedoch hier nicht an, da die innerbetrieblichen Leistungen nicht den Rechtskreis von Rechtsträgern berühren. Für die Exekutive sind die Einzelpläne aber hinreichend evident.

Ein schlichter Parlamentsbeschluß kann dagegen nicht als eine ausreichende Ermächtigung der Exekutive zur Erbringung von innerbetrieblichen Leistungen gewertet werden[153]. Er ist zwar wie der in Gesetzesform verabschiedete Haushaltsplan ein Akt des Parlaments. Der schlichte Parlamentsbeschluß kommt aber nicht wie das Haushaltsplangesetz in einem Verfahren zustande, das eine offene und ausgleichende Entscheidung gewährleistet. Die Anträge zu schlichten Parlamentsbeschlüssen werden höchstens einmal durch das Plenum und durch die Ausschüsse des Parlaments beraten, bevor über sie abgestimmt wird (vgl. §§ 77, 99, 112, 113 GeschOBT; §§ 68, 84, 86, 87 GeschOBayLT). Gesetzentwürfe werden hingegen in drei Lesungen durch das Plenum und in der Regel zweimal durch die Ausschüsse beraten, ehe am Schluß der dritten Lesung über ihre Annahme oder Ablehnung abgestimmt wird (vgl. §§ 77, 79, 82, 88 GeschOBT; §§ 58, 59, 63, 64 GeschOBayLT). Das vereinfachte Verfahren bei schlichten Parlamentsbeschlüssen ermöglicht deshalb naturgemäß nicht in dem Maße eine Offenlegung von Gegensätzen und einen Ausgleich widerstreitender Interessen, wie dies bei dem Gesetzgebungsverfahren mit seinen mehrfachen Beratungen im Plenum und in den Ausschüssen der Fall ist[154]. Man wird jedoch auch für das Zustandekommen einer Ermächtigung zu innerbetrieblichen Leistungen generell ein Verfahren zu verlangen haben, das die erwähnten Merkmale des Gesetzgebungsverfahrens aufweist. Denn jede Ermächtigung zur Erbringung von innerbetrieblichen Leistungen bedeutet zugleich eine Entscheidung über die Verteilung staatlicher Mittel. Eine solche Entscheidung bedarf wegen ihrer weitreichenden Bedeutung nicht nur für ein reibungsloses Funktionieren des Staatsapparates, sondern auch für einen etwaigen besonderen Ausbau einzelner Verwaltungszweige stets sehr sorgfältiger Vorberatungen und einer größtmöglichen Publizität. Beweis hierfür ist die verfassungsrechtliche Regelung, daß der Haushaltsplan im Gesetzgebungs- und nicht im einfachen Beschlußverfahren festgestellt wird.

---
[152] Siehe auch Jesch, ebenda.
[153] Ebenso im Ergebnis Jesch, ebenda.
[154] Vgl. hierzu Scheuner, DÖV 1957, 635, und DÖV 1960, 607, 609.

4. Kapitel: Beschlüsse in den staatlichen Tätigkeitsbereichen 119

(3) Beschränkte Befugnis zu unverbindlichen Beschlüssen

Aus dem Erfordernis einer gesetzlichen Ermächtigung auch für innerbetriebliche Leistungen ergibt sich für die rechtliche Beurteilung der auf solche Leistungen gerichteten schlichten Parlamentsbeschlüsse im einzelnen folgendes:

Liegt nicht eine besondere gesetzliche Ermächtigung vor und sind auch nicht mindestens etatmäßig Mittel für die vom Parlament gewünschten Leistungen bereitgestellt, fehlt es an der notwendigen Handlungsermächtigung der Exekutive. Da ein schlichter Parlamentsbeschluß als solcher die Exekutive nicht zum Tätigwerden ermächtigen kann, scheidet eine Befugnis des Parlaments zu verbindlicher oder auch nur unverbindlicher Einflußnahme auf die Exekutive in einem solchen Falle aus.

Enthält jedoch wenigstens der Haushaltsplan hinreichend begrenzte und bestimmte Ausgabenansätze für die vom Parlament gewünschten Leistungen, dann ist eine Handlungsermächtigung für die Exekutive vorhanden. Indem sie die betreffenden Leistungen erbringt, vollzieht die Exekutive das Haushaltsplangesetz. Beschlüsse, die derartige Handlungen der Exekutive bewirken sollen, sind deshalb als Beschlüsse zum Vollzug des Haushaltsplangesetzes anzusehen. Das Parlament darf zur Ausführung des Haushaltsplangesetzes — ebenso wie auch sonst zum Gesetzesvollzug — freilich nur unverbindlich gewollte Beschlüsse fassen. Schlichte Parlamentsbeschlüsse zur Vornahme von Leistungen, die durch das Haushaltsplangesetz gedeckt sind, sind daher nur dann rechtmäßig, wenn sie sich als unverbindlich gewollt auslegen lassen. Sind sie hingegen als verbindlich gewollt zu deuten, sind sie rechtswidrig und rechtsunwirksam[155].

*c) Erörterung der als Beispiele gebrachten
schlichten Parlamentsbeschlüsse*

Der Bundestagsbeschluß zur Erhaltung der Baukultur sowie die Beschlüsse des Bayerischen Landtages zur Auszahlung von Weihnachtszuwendungen bzw. zur Förderung der Sporterholungskuren des VdK betreffen gegenüber Rechtsträgern vorzunehmende Verwaltungshandlungen. Die Exekutive bedurfte also hier einer besonderen gesetzlichen Ermächtigung zum Tätigwerden. Eine etatmäßige Bereitstellung der für solche Maßnahmen erforderlichen Mittel reichte allein als Ermächtigung für finanzielle Leistungen zugunsten von Rechtsträgern nicht aus.

---
[155] Vgl. oben S. 95 f.

Die genannten Beschlüsse stellten mithin schlichte Parlamentsbeschlüsse dar, die die Exekutive zur Vornahme von Begünstigungen veranlassen sollten, für die eine gesetzliche Ermächtigung nicht gegeben war. Nach den für die rechtliche Beurteilung solcher Beschlüsse gewonnenen Regeln sind sie mithin als rechtswidrig anzusehen. Dabei spielt es keine Rolle, ob die wiedergegebenen Beschlüsse als verbindlich oder unverbindlich gewollt zu interpretieren sind. Eine Verpflichtung der Bundesregierung bzw. der Staatsregierung, die vom Parlament gewünschten Leistungen zu erbringen, ist nicht entstanden.

6. Schlichte Parlamentsbeschlüsse, die sich auf organisatorische Maßnahmen beziehen

Die schlichten Parlamentsbeschlüsse, die organisatorische Maßnahmen zum Gegenstande haben, zerfallen in zwei Gruppen: Zur ersten Gruppe gehören die Beschlüsse, bei denen die organisatorischen Maßnahmen mit unmittelbaren Rechtswirkungen im Außenverhältnis verbunden sind. Bei den Beschlüssen der zweiten Gruppe fehlen den Maßnahmen solche Rechtswirkungen. Zu den organisatorischen Akten mit unmittelbaren Rechtswirkungen im Außenverhältnis rechnet z. B. die Änderung der Grenzen einer Gebietskörperschaft durch den Staat, da durch diese Maßnahme einzelne Gebietskörperschaften rechtlich begünstigt bzw. belastet werden und durch die Änderung der Zuständigkeitsordnung ein unbestimmter Kreis von Rechtsträgern betroffen wird[156]. Eine organisatorische Maßnahme ohne rechtliche Außenwirkung ist beispielsweise die Neuerrichtung einer Behörde, der keine Kompetenzen gegenüber Rechtsträgern zugewiesen werden[157].

a) *Organisatorische Akte mit Außenwirkung*

(1) Geltung des Gesetzesvorbehalts

Alle organisatorischen Maßnahmen, die den Rechtskreis von Rechtsträgern berühren, erfordern eine besondere Rechtsgrundlage. Sie unterliegen dem Prinzip des Gesetzesvorbehalts, wonach Verwaltungshandlungen mit rechtlicher Außenwirkung grundsätzlich durch ein förmliches Gesetz gedeckt sein müssen[158]. Organisatorische Akte mit unmittelbar rechtserheblicher Außenwirkung können daher prinzipiell nur durch

---

[156] So Obermayer, Grundzüge, S. 89; teilweise a. A. BayVGH, BayVBl. 1965, 59 ff (= DÖV 1964, 849 ff), der diese „Doppelnatur" der kommunalen Organisationsakte verneint und diese Maßnahmen nur als Verwaltungsakte qualifiziert.
[157] Vgl. Obermayer, ebenda.
[158] Siehe zum Prinzip des Gesetzesvorbehalts oben 3. Kap., II.

4. Kapitel: Beschlüsse in den staatlichen Tätigkeitsbereichen   121

ein Gesetz oder auf Grund einer gesetzlichen Ermächtigung erlassen werden[159]. So bedarf z. B. die Errichtung einer Hochschule eines Gesetzes, es sei denn, die Exekutive ist durch Gesetz ermächtigt, Hochschulen im Verwaltungswege zu errichten[160].

(2) Nur bei gesetzlicher Ermächtigung Befugnis
zu unverbindlichen Beschlüssen

Wegen des Gesetzesvorbehalts können organisatorische Maßnahmen mit rechtlicher Außenwirkung weder durch einen schlichten Parlamentsbeschluß selbst noch auf Grund eines solchen Beschlusses vorgenommen werden. Verbindlich oder unverbindlich gewollte Beschlüsse, die derartige Akte zum Gegenstande haben, sind deshalb rechtswidrig, wenn nicht noch eine besondere gesetzliche Ermächtigung vorhanden ist; verbindlich gewollte Beschlüsse sind unwirksam[161].

Ist dagegen die Exekutive zum Erlaß des vom Parlament begehrten Organisationsaktes durch Gesetz ermächtigt, so sind die Regeln für schlichte Parlamentsbeschlüsse zum Vollzug eines Gesetzes anzuwenden. Hiernach ist der betreffende schlichte Parlamentsbeschluß rechtmäßig, wenn er unverbindlich gewollt ist. Läßt er sich jedoch nur als verbindlich gewollt deuten, ist der Beschluß rechtswidrig und rechtlich unwirksam[162].

b) *Organisatorische Maßnahmen ohne Außenwirkung*

(1) Verfassungsrechtliche Regelung der Befugnisse zur Vornahme
organisatorischer Akte ohne Außenwirkung

Organisatorische Maßnahmen, die nicht den Rechtskreis von Rechtsträgern berühren, sind nicht auf eine parlamentarische Handlungsermächtigung angewiesen. Die Organe der Exekutive sind berechtigt, ohne besondere Rechtsgrundlage alle für eine geordnete und arbeitsfähige Verwaltungsorganisation notwendigen Anordnungen mit rein interner Wirkung zu treffen, wenn sie hierdurch nicht der Verfassung, den Gesetzen[163] und den von übergeordneten Behörden erlassenen Hoheits-

---

[159] Vgl. Obermayer, ebenda. Die Meinungen über den Umfang des Gesetzesvorbehalts bei organisatorischen Maßnahmen weichen z. T. erheblich voneinander ab; vgl. u. a. Hamann, NJW 1956, 1 (2, 4); Spanner, DÖV 1957, 641 f; Köttgen, VVDStRL 16, 163, 172 f, 179; Forsthoff, Verwaltungsrecht, S. 379 ff.
[160] Siehe dazu im einzelnen Obermayer, ebenda.
[161] Vgl. hierzu oben 3. Kap., II.
[162] Vgl. oben S. 50, 109 ff.
[163] Es ist hierbei namentlich das Haushaltsplangesetz zu beachten.

akten zuwiderhandeln. Diese allgemeine Befugnis der Verwaltungsbehörden zur Vornahme organisatorischer Akte ohne Außenwirkung kann im Wege der Auslegung für das Bundesverfassungsrecht aus Art. 80 (Gesetzesvorbehalt für Rechtsverordnungen), Art. 20 Abs. 3 (Grundsatz der Gesetzmäßigkeit der Verwaltung) sowie Art. 28 Abs. 1 GG (Rechtsstaatsgrundsatz) und für das bayerische Verfassungsrecht aus Art. 70 (Gesetzesvorbehalt für allgemein verbindliche Gebote und Verbote), Art. 55 Nr. 2 Satz 3 (Gesetzesvorbehalt für über den Rahmen von Ausführungsverordnungen hinausgehende Rechtsverordnungen), Art. 77 Abs. 1 Satz 2 (Einrichtung der Behörden im einzelnen durch die Staatsregierung und durch die von ihr ermächtigten einzelnen Staatsminister) und Art. 3 BayVerf (Rechtsstaatsgrundsatz) gefolgert werden[164].

Es ist jedoch nicht allein das Recht der Exekutive, organisatorische Anordnungen rein internen Charakters zu treffen. Die Befugnis hierzu ist vielmehr zwischen der Legislative und der Exekutive aufgeteilt[165]. Der Erlaß organisatorischer Akte ohne rechtliche Außenwirkung rechnet weder zur Kernfunktion der Exekutive noch zur Kerngewalt der Legislative. Das Parlament kann deshalb in den Schranken der Verfassung die Organe der Exekutive von vornherein durch formalgesetzliche Organisationsbestimmungen binden[166]. Die im Gewande eines förmlichen Gesetzes erlassenen rein organisatorischen Akte nehmen dann am Vorrang des Gesetzes teil und können deshalb nur wieder durch Gesetz geändert werden[167].

(2) Grundsätzliche Befugnis zu verbindlichen Beschlüssen

Die verfassungsrechtliche Regelung der Kompetenz zur Vornahme organisatorischer Maßnahmen ohne rechtliche Außenwirkung gibt dem Parlament auch das Recht, solche Maßnahmen durch schlichte, die Exekutive bindende Beschlüsse zu treffen. Ist das Parlament ebenso wie die Exekutive zum Erlaß der genannten Organisationsakte berechtigt, so wird man auch prinzipiell seine Befugnis zu bejahen haben, durch für die Exekutive verbindliche Beschlüsse die interne Ordnung des Staates mitzugestalten.

Der Grundsatz der Gewaltenteilung kann nicht als ein Argument gegen eine derartige Kompetenz des Parlaments angeführt werden, da die Vornahme organisatorischer Maßnahmen ohne unmittelbar rechtserhebliche Wirkungen im Außenverhältnis durch ihn nicht berührt wird. —

---

[164] Siehe Obermayer, aaO, S. 29, 88 f.
[165] Vgl. Herrnritt, Verwaltungsrecht, S. 18.
[166] Vgl. Obermayer, Rechtsetzungsakte, S. 229 f.
[167] Vgl. Obermayer, Grundzüge, S. 29.

4. Kapitel: Beschlüsse in den staatlichen Tätigkeitsbereichen 123

Ebensowenig steht hier die Funktion des parlamentarischen Regierungssystems einem Recht zu verbindlichen Beschlüssen entgegen, weil die Befugnis zum Erlaß organisatorischer Akte ohne Außenwirkung zwischen Parlament und Exekutive aufgeteilt ist und damit auch Entscheidung und Verantwortung beiden Staatsorganen zufallen[168]. — Die Bestimmung des Art. 65 GG (Art. 47 Abs. 2 BayVerf) kann schon deshalb nicht als Argument gegen diese Kompetenz des Parlaments vorgebracht werden, weil sich aus ihr überhaupt keine Regeln für die Beurteilung schlichter Parlamentsbeschlüsse gewinnen lassen[169]. — Endlich schließen weder der Gesetzesvorrang noch der Gesetzesvorbehalt ein Recht des Parlaments zu verbindlichen Beschlüssen in organisatorischen Angelegenheiten rein interner Natur aus[170]. Denn einmal kann prinzipiell auch ein schlichter Parlamentsbeschluß als solcher die Exekutive verpflichten, und zum andern unterliegen organisatorische Anordnungen mit lediglich staatsinterner Wirkung nicht dem Vorbehalt des Gesetzes. Dies gilt freilich nicht uneingeschränkt. So ist wegen des Vorranges des Gesetzes kein Raum für eine Berechtigung zu verbindlichen und unverbindlichen Beschlüssen, die die Änderung bzw. Aufhebung eines formalgesetzlichen Organisationsaktes enthalten oder auf ein Handeln der Exekutive gerichtet sind, das mit einer im Gewande eines förmlichen Gesetzes erlassenen organisatorischen Maßnahme unvereinbar ist. Der Gesetzesvorbehalt schließt eine Befugnis zu verbindlichen und unverbindlichen Beschlüssen nur dann aus, wenn die angestrebte organisatorische Regelung kraft besonderer Verfassungsbestimmung allein in der Form eines Gesetzes möglich ist.

Hiernach sind verbindlich und unverbindlich gewollte Beschlüsse lediglich dann als rechtswidrig und verbindlich gewollte Beschlüsse als rechtsunwirksam zu bewerten, wenn die vom Parlament getroffene organisatorische Entscheidung im Gegensatz zu einem (förmlichen) Gesetz steht oder ausnahmsweise nur durch ein (förmliches) Gesetz erfolgen kann. In allen übrigen Fällen wird man jedoch verbindlich gewollte schlichte Parlamentsbeschlüsse, die organisatorische Maßnahmen ohne rechtliche Außenwirkung zum Gegenstande haben, als rechtmäßig und rechtlich wirksam, unverbindlich gewollte Beschlüsse als rechtmäßig zu betrachten haben.

c) Prüfung der als Beispiele aufgeführten Beschlüsse

Die Bundestagsbeschlüsse zur Errichtung eines Bundesamtes für Besatzungsfragen und zum Amtssitz des Bundesministers für gesamt-

---
[168] Siehe dazu oben 3. Kap., III.
[169] Vgl. oben 3. Kap., IV.
[170] Siehe zum Gesetzesvorrang und -vorbehalt oben 3. Kap., II.

deutsche Fragen sowie der Beschluß des Bayerischen Landtages zur Schaffung einer Professur an der Universität München sollten die Exekutive zu organisatorischen Maßnahmen ohne rechtliche Außenwirkung veranlassen. Das neu einzurichtende Bundesamt sollte, wie man dem Beschluß des Bundestages wird entnehmen müssen, keine Kompetenzen gegenüber Rechtsträgern erhalten. Die Bestimmung des Amtssitzes eines Ministers bewirkt keine Änderung von Zuständigkeiten. Ebenso bedeutet die Schaffung einer Professur weder die Errichtung eines neuen Hoheitsträgers, noch werden durch sie neue Zuständigkeiten begründet.

Der Bundesamt-Beschluß des Bundestages und der Landtagsbeschluß sind als Ersuchen formuliert. Da das Parlament in diesen Fällen befugt war, verbindlich gewollte Beschlüsse zu fassen, können die beiden Beschlüsse nach ihrem Wortlaut auch als verbindlich gewollt interpretiert werden[171]. Sie sind als solche Beschlüsse rechtmäßig und rechtlich wirksam. Der Bundeskanzler bzw. die Bayerische Staatsregierung sind auf Grund der Beschlüsse verpflichtet gewesen, die vom Bundestag bzw. vom Bayerischen Landtag gewünschten organisatorischen Maßnahmen vorzunehmen.

Der Amtssitz-Beschluß des Bundestages wird wegen der Wendung: „Der Bundestag hält es für erwünscht, daß . . .", als unverbindlich gewollt zu deuten sein. Auch dieser Beschluß ist rechtmäßig. Ein verbindlich gewollter Bundestagsbeschluß wäre insoweit allerdings ebenfalls rechtmäßig gewesen. Er hätte die Bundesregierung verpflichtet, neben Bonn auch Berlin zum Amtssitz des Bundesministers für gesamtdeutsche Fragen zu machen.

IV. Schlichte Beschlüsse eines Landesparlaments, die das Verhalten der Landesregierung im Bundesrat betreffen

Nach Art. 50 GG wirken die Länder durch den Bundesrat bei der Gesetzgebung und Verwaltung des Bundes mit. Der Bundesrat besteht gemäß Art. 51 Abs. 1 Satz 1 GG aus Mitgliedern der Regierungen der Länder, die sie bestellen und abberufen.

Die Institution des Bundesrates bringt es mit sich, daß die Landesparlamente auch schlichte Beschlüsse zu den Entscheidungen fassen, die von den Mitgliedern der Landesregierungen im Bundesrat zu treffen sind. Ein Beispiel für solche schlichten Parlamentsbeschlüsse ist der folgende Beschluß des Bayerischen Landtages:

---

[171] Siehe hierzu oben 2. Kap., IV.

4. Kapitel: Beschlüsse in den staatlichen Tätigkeitsbereichen 125

„Die Staatsregierung wird ersucht, im Bundesrat der Verordnung über die Weinbau-Betriebserhebung vom Frühjahr 1958 die Zustimmung zu erteilen"[1].

Soweit sich bisher Rechtsprechung und Schrifttum speziell mit den schlichten Parlamentsbeschlüssen beschäftigt haben, die das Verhalten der Landesregierung im Bundesrat betreffen, ist nur die Frage behandelt worden, ob solche Beschlüsse der Landesparlamente für die Landesregierungen verbindlich oder unverbindlich sind. Die Meinungen hierüber sind geteilt. So lehnen u. a. das *Bundesverfassungsgericht*, *Maunz* und *Hans Schäfer* eine Verbindlichkeit ab[2], während *v. Mangoldt-Klein*, *Friesenhahn* und *Fuss* sie bejahen. Dabei sind zum Teil Gesichtspunkte maßgeblich, die für die Beurteilung der übrigen bisher behandelten schlichten Parlamentsbeschlüsse keine Rolle spielen können. Es ist deshalb auch bislang davon abgesehen worden, die verschiedenen Ansichten zu der Streitfrage, wie schlichte Parlamentsbeschlüsse zum Verhalten einer Landesregierung im Bundesrat rechtlich zu würdigen sind, im ersten Teil der Abhandlung im einzelnen darzustellen. Dies ist hier zunächst nachzuholen.

1. Bisherige Lösungsversuche

Rechtsprechung und Schrifttum suchen die Antwort auf die Frage, ob die Landesparlamente durch verbindliche oder nur unverbindliche Beschlüsse das Verhalten der Mitglieder ihrer Landesregierungen im Bundesrat beeinflussen können, in erster Linie in den Normen über die Aufgaben, die Zusammensetzung und die Arbeitsweise des Bundesrates (Art. 50 ff GG).

Das *Bundesverfassungsgericht* stützt seine Ansicht auf die Regelung des Art. 51 Abs. 1 Satz 1 GG, nach der der Bundesrat aus den Mitgliedern der *Regierungen* der Länder besteht und nicht „aus den Ländern gebildet" wird. Art. 50 GG umschreibt nach Meinung des Gerichts nur die Funktion des Bundesrates, wenn es dort heißt: „Durch den Bundesrat wirken die *Länder* bei der Gesetzgebung und Verwaltung des Bundes mit". Diese Mitwirkung werde kraft der Entscheidung des Grundgesetzes durch die Mitglieder der Landesregierungen vermittelt. Wenn die Staatspraxis aus dem Recht der Landesregierung, ihre Vertreter im Bundesrat zu bestellen und abzuberufen, ein Recht der Landesregierung zu

---
[1] StenBer d. 3. Wahlp. — Beil. 3315.
[2] Weitere Schrifttumsnachweise zu der — wohl herrschenden — Ansicht, daß die Beschlüsse der Landesparlamente unverbindlich sind, finden sich bei v. Mangoldt-Klein, Anm. IV 3 b zu Art. 51 GG.

Weisungen an ihre Mitglieder im Bundesrat ableite, so besage dies noch nichts dafür, daß auch das Landesparlament zu einem Hineinwirken in die Entscheidungen des Bundesrates befugt sei[3].

Maunz billigt im Ergebnis die Entscheidung des Bundesverfassungsgerichts[4]. Nach seiner Ansicht kann die Unverbindlichkeit der schlichten Parlamentsbeschlüsse hier allerdings nicht aus Art. 51 Abs. 1 Satz 1 GG gefolgert werden, da dieser Artikel so farblos wie nur denkbar sei und auch die entgegengesetzte Lösung zulasse[5]. *Maunz* hält verbindliche Beschlüsse mit der allgemeinen Struktur des Bundesrates und vor allem mit dem Grundsatz der Gewaltenteilung für unvereinbar[6]. Den Landesparlamenten dürfe nicht auf dem Umweg über eine Befugnis zu verbindlichen Beschlüssen an ihre Landesregierungen bzw. Bundesratsmitglieder materiell ein Recht auf Einflußnahme eingeräumt werden, das ihnen durch das alleinige Recht der Landesregierungen, Mitglieder in den Bundesrat zu entsenden, gerade vorenthalten bleiben sollte[7]. Außerdem seien die Entscheidungen der Mitglieder der Landesregierungen im Bundesrat, auch wenn es sich um die Mitwirkung bei der Gesetzgebung des Bundes handele, von den Ländern her gesehen Entscheidungen über den grundlegenden politischen Kurs des Landes, zu dessen Festlegung die Regierungen berufen seien[8].

Hans Schäfer leitet die Unverbindlichkeit der Beschlüsse der Landesparlamente daraus ab, daß nach seiner Meinung kraft Bundesverfassungsrechts nicht die Landesparlamente, sondern die Landesregierungen berufen seien, an der Willensbildung im Bundesrat teilzuhaben. Nach ihm kommen im Bundesrat „die Länder, repräsentiert durch ihre Regierungen, zum Wort"[9].

v. Mangoldt-Klein begründen demgegenüber die Bindung der Landesregierungen bzw. der von ihnen bestellten Bundesratsmitglieder an Beschlüsse der Landesparlamente damit, die wirklichen Mitglieder des Bundesrates seien „die Länder"; diese wirkten bei der Gesetzgebung und Verwaltung des Bundes mit. Wenn „die Länder" in solcher Weise tätig würden, müßten die Bundesratsmitglieder ebenso (über die Landesregierung) an die Weisungen ihres Landesparlaments gebunden sein, wie sie nach herrschender Meinung den Weisungen ihrer Landesregierung zu folgen hätten. Es ginge nicht an, insoweit zwischen den beiden

---

[3] BVerfGE 8, 104 (120).
[4] DÖV 1959, 1 ff; BayVBl. 1958, 305; Maunz-Dürig, Rdn. 17 und 18 zu Art. 51 GG.
[5] DÖV 1959, 3 f.
[6] DÖV 1959, 4; BayVBl. 1958, 305; Maunz-Dürig, ebenda.
[7] Maunz-Dürig, Rdn. 18 zu Art. 51 GG.
[8] Maunz-Dürig, Rdn. 17 zu Art. 51 GG und DÖV 1959, 4.
[9] Bundesrat, S. 29, 36.

4. Kapitel: Beschlüsse in den staatlichen Tätigkeitsbereichen   127

Verfassungsorganen Landesregierung und Landesparlament hinsichtlich ihrer Einwirkungsbefugnis auf die Landesvertreter im Bundesrat zu unterscheiden[10].

Friesenhahn beruft sich auf Art. 50 GG und führt aus, da „die Länder" durch den Bundesrat bei der Gesetzgebung und Verwaltung des Bundes mitwirkten und die Mitglieder des Bundesrates instruktionsgebundene Mitglieder der Landesregierung seien, sei es zulässig, daß ein Landtag der Landesregierung Weisungen gebe, wie sie im Bundesrat abstimmen solle[11].

Fuss nimmt eine generelle Möglichkeit bindender Weisungen an die Bundesratsmitglieder eines Landes an und folgert hieraus — allerdings ohne nähere Begründung —, daß auch ein Landtag den Bundesratsmitgliedern Instruktionen erteilen könne. Die allgemeine Zulässigkeit von solchen Weisungen läßt sich nach ihm aus Art. 51 Abs. 3 Satz 2 GG, der die einheitliche Abgabe der Stimmen eines Landes vorschreibt, und insbesondere daraus ableiten, daß das Bundesverfassungsrecht für die Bundesratsmitglieder kein generelles Verbot „eines imperativen Mandats" statuiere; daß ein solches Mandat nach dem Grundgesetz nicht ausgeschlossen sei, ergibt sich dabei für *Fuss* als Umkehrschluß aus der Regelung des Art. 77 Abs. 2 Satz 3 GG, wonach die in den Vermittlungsausschuß entsandten Bundesratsmitglieder nicht an Weisungen gebunden sind, und aus dem Fehlen einer Art. 38 Abs. 1 Satz 2 GG entsprechenden Norm, die wie für die Bundestagsabgeordneten sinngemäß auch für die Mitglieder des Bundesrates die Bindung an Weisungen verneint[12].

2. Auseinandersetzung mit den bisherigen Lösungsversuchen und eigener Lösungsvorschlag

Alle diese Lösungsversuche befriedigen nicht; sie führen außerdem zu falschen Ergebnissen. Die Frage, ob die Landesparlamente durch schlichte Beschlüsse auf die Entscheidungen der Mitglieder ihrer Landesregierungen im Bundesrat in verbindlicher Form Einfluß nehmen können oder nicht, kann nicht mit einem einfachen Ja oder Nein beantwortet werden. Man wird vielmehr zu einer differenzierenden Lösung kommen müssen.

An den bisherigen Lösungsversuchen ist vor allem zu bemängeln, daß sie von einer isolierten Interpretation einzelner Verfassungsnormen oder einzelner Verfassungsprinzipien ausgehen, ohne ihren systematischen Zusammenhang mit den übrigen geschriebenen und ungeschriebenen Ver-

---
[10] v. Mangoldt-Klein, ebenda.
[11] VVDStRL 16, 72 (Leitsatz II 13).
[12] AöR 83, 421.

fassungsnormen und -prinzipien zu berücksichtigen. Die Rechtsregeln für die schlichten Parlamentsbeschlüsse, die sich auf das Verhalten der Mitglieder einer Landesregierung im Bundesrat beziehen, können jedoch weder allein aus den geschriebenen Normen über die Aufgaben, die Zusammensetzung und die Arbeitsweise des Bundesrates noch aus diesen Normen unter Hinzunahme des Grundsatzes der Gewaltenteilung oder der Art. 77 Abs. 2 Satz 3 und 38 Abs. 1 Satz 2 GG gewonnen werden. Es ist vielmehr auch hier nach derselben Methode vorzugehen, die bei der Behandlung der übrigen Gruppen schlichter Parlamentsbeschlüsse angewandt worden ist[13].

So muß zunächst bei der Auslegung des Art. 51 Abs. 1 Satz 1 GG, aus dem sich in erster Linie die generelle Unverbindlichkeit der hier zu erörternden Beschlüsse ergeben soll, dessen Zusammenhang mit Art. 50 GG beachtet werden. Nach Art. 50 GG wirken „die Länder" durch den Bundesrat bei der Gesetzgebung[14] und Verwaltung des Bundes mit. Das Grundgesetz sagt nicht, daß „die Landesregierungen" mitwirken. Daraus wird man zu folgern haben, daß gemäß Art. 50 GG grundsätzlich neben den Landesregierungen auch die Landesparlamente durch den Bundesrat an der Gesetzgebung und Verwaltung des Bundes beteiligt sind. Denn die Landesparlamente repräsentieren ebenso wie die Landesregierungen die Gliedstaaten des Bundes und haben an ihrer Willensbildung teil. Die Worte „die Länder" können also nicht im Sinne von „die Landesregierungen" aufgefaßt werden. Dem steht nicht entgegen, daß sich der Bundesrat nach Art. 51 Abs. 1 Satz 1 GG aus „Mitgliedern der Regierungen der Länder" zusammensetzt. Diese Formulierung zwingt nicht zu dem Schluß, daß nur die Landesregierungen darüber zu entscheiden hätten, wie sich die Bundesratsmitglieder eines Landes im Bundesrat zu verhalten haben. Wäre dies der Sinn des Art. 51 GG, so wirkten im Ergebnis allein sie an der Gesetzgebung und Verwaltung des Bundes mit, und es ließe sich nicht erklären, warum Art. 50 GG von der Mitwirkung der „Länder" und nicht der „Landesregierungen" spricht. Art. 51 Abs. 1 Satz 1 GG legt vielmehr mit Rücksicht auf Art. 50 GG lediglich fest, daß der Bundesrat aus Mitgliedern der Landesregierungen (und nicht etwa der Landesparlamente) besteht und diese damit die Vermittler des Willens der Länder sein sollen. Er regelt jedoch nicht, wie dieser Wille der Gliedstaaten sich bildet und im einzelnen zustande kommt. Er schließt deshalb auch nicht von vornherein aus, daß bei dieser Willensbildung die Landesparlamente etwa durch verbindliche Beschlüsse auf ihre Lan-

---

[13] Siehe allgemein zur Lösungsmethode oben 1. Kap., I.
[14] Es müßte richtiger „Rechtsetzung" heißen, da der Bundesrat nicht nur an der förmlichen Gesetzgebung, sondern z. B. durch die Zustimmung zu Rechtsverordnungen der Bundesregierung gemäß Art. 80 Abs. 2 GG auch beim Erlaß von Rechtsverordnungen und damit an der Schaffung von sog. Gesetzen im materiellen Sinne mitwirkt. Vgl. hierzu Hans Schäfer, aaO, S. 60, 100.

4. Kapitel: Beschlüsse in den staatlichen Tätigkeitsbereichen

desregierungen einwirken und auf diese Weise gemäß Art. 50 GG an der Gesetzgebung und Verwaltung des Bundes teilnehmen.

Die Meinung, daß die Regelung des Art. 51 Abs. 1 Satz 1 GG zu einer allgemeinen Unverbindlichkeit der Beschlüsse der Landesparlamente zwinge, ist also nicht richtig. Nun verweist allerdings *Maunz* in diesem Zusammenhang noch zusätzlich auf den Grundsatz der Gewaltenteilung[15]. Doch auch dieses Argument kann hier nicht durchgreifen. Der Gesichtspunkt, daß die Entscheidung über das Verhalten der Mitglieder der Landesregierung im Bundesrat eine Entscheidung über den grundlegenden politischen Kurs des Landes ist, spricht entgegen *Maunz* gerade für und nicht gegen ein Recht zu verbindlichen Beschlüssen der Landesparlamente. Denn die Führung und Oberleitung der Länder als Ganzes kommen den Landesregierungen und den Landesparlamenten als gemeinsame Aufgabe zu[16].

Andererseits kann nun aber auch nicht etwa aus Art. 50 bzw. Art. 51 Abs. 3 Satz 2, 77 Abs. 2 Satz 3 sowie 38 Abs. 1 Satz 2 GG eine generelle Verbindlichkeit der Beschlüsse der Landesparlamente gefolgert werden. Wie Art. 51 Abs. 1 Satz 1 GG sind auch diese Vorschriften in ihrem Zusammenhang mit den übrigen geschriebenen und ungeschriebenen Verfassungsnormen zu sehen. Hiernach ist eine uneingeschränkte Befugnis der Landesparlamente zu verbindlichen Beschlüssen z. B. unvereinbar damit, daß die Landesparlamente grundsätzlich nicht berechtigt sind, durch verbindliche Beschlüsse auf Angelegenheiten des Verwaltungsbereichs Einfluß zu nehmen[17]. Ferner würde eine solche Befugnis den Landesparlamenten bei bestimmten Entscheidungen ein Mitwirkungsrecht gewähren, das nach dem Grundgesetz dem Bundestag (als der Volksvertretung des Bundes) nicht zusteht. So könnte ein Landesparlament die

---

[15] Gemeint ist dabei offensichtlich die Gewaltenteilung im Sinne der Gegenüberstellung von Legislative, Exekutive und Judikative. Von dieser „horizontalen Gewaltenteilung" ist zwar die „vertikale Gewaltenteilung" zu unterscheiden. Man versteht hierunter die gewaltenteilenden Wirkungen des föderalistischen Prinzips, die auf der Gliederung der gesetzgebenden, vollziehenden und der rechtsprechenden Gewalt in eine jeweils gesamtstaatliche und eine gliedstaatliche beruhen (Hesse, Bundesstaat, S. 27 mit weiteren Nachweisen). Freilich ist dies nicht der einzige Zusammenhang von bundesstaatlichem Aufbau und Gewaltenteilung. Aus der Einrichtung des Bundesrates folgt auch eine Ergänzung und Verstärkung der horizontalen Gewaltenteilung. Denn der Bundesrat tritt durch seine Mitwirkung an der Gesetzgebung und Verwaltung des Bundes als Kontrollorgan von Bundestag und Bundesregierung und darüber hinaus neben diesen als Träger der Regierungs- sowie der Verwaltungsfunktion auf (Hesse, aaO, S. 27 f). Alle diese gewaltenteilenden Auswirkungen des Bundesstaatsprinzips grundgesetzlicher Prägung betreffen jedoch nur den Gesamtstaat, nicht aber auch das innere Verfassungsleben der Länder (Hesse, aaO, S. 31). Aus ihnen lassen sich deshalb keine Regeln für Landtagsbeschlüsse gewinnen, die sich auf das Verhalten der Mitglieder der Landesregierung im Bundesrat beziehen.
[16] Vgl. oben S. 84.
[17] Vgl. oben S. 109 ff.

Landesregierung z. B. durch Beschluß verpflichten, im Bundesrat gemäß Art. 37 Abs. 1 GG den von der Bundesregierung im Rahmen des Bundeszwanges vorgesehenen Maßnahmen zuzustimmen[18]. Dem Bundestag ist demgegenüber jede verbindliche Einflußnahme auf die Bundesregierung beim Verfahren des Bundeszwanges verwehrt[19]. Es ist kein Grund ersichtlich, weshalb dies bei den Landesparlamenten anders sein sollte; auch ihnen muß eine solche Mitwirkung versagt sein.

Diese Hinweise zeigen, daß allein in Art. 50 bzw. Art. 51 Abs. 3 Satz 2, 77 Abs. 2 Satz 3 sowie 38 Abs. 1 Satz 2 GG ebenfalls nicht die Lösung des Problems, ob und wieweit die Landesparlamente durch verbindliche oder unverbindliche Beschlüsse auf die von den Mitgliedern der Landesregierungen im Bundesrat zu treffenden Entscheidungen einwirken können, gefunden werden kann. Alle diese Vorschriften gestatten nur den Schluß, daß die Landesparlamente grundsätzlich zu verbindlichen bzw. unverbindlichen Beschlüssen berechtigt sind, um hierdurch an der Gesetzgebung und Verwaltung des Bundes mitzuwirken. Sie lassen es aber offen, wann ein Landesparlament im Einzelfall jeweils zu einem verbindlichen bzw. unverbindlichen Beschluß befugt ist.

Um diese Frage zu beantworten, wird man nicht umhinkönnen, noch auf die Regeln über die Kompetenzen des Bundestages zu verbindlichen und unverbindlichen Beschlüssen gegenüber der Bundesregierung zurückzugreifen. Eine solche entsprechende Anwendung der aus dem Bundesverfassungsrecht gewonnenen Regeln über die Befugnisse des Bundestages auf das Verhältnis der Landesparlamente zu den Landesregierungen läßt sich damit rechtfertigen, daß der Bundesrat ein Organ des Bundes ist[20] und die Länder durch ihn Aufgaben des Bundes wahrnehmen[21]. Sie erscheint ferner deshalb zulässig, weil Art und Umfang der Mitwirkung des Bundesrates an der Gesetzgebung und Verwaltung des Bundes und die Zusammensetzung sowie die Arbeitsweise des Bundesrates im Grundgesetz festgelegt sind.

Als Ergebnis ist mithin festzustellen: Die Befugnis der Landesparlamente, durch verbindliche bzw. unverbindliche Beschlüsse auf das Verhalten ihrer Bundesratsmitglieder Einfluß zu nehmen, bestimmt sich im Einzelfall sinngemäß danach, ob und zu welchen Beschlüssen jeweils der Bundestag gegenüber der Bundesregierung berechtigt ist. So ist ein Landesparlament z. B. nur zu unverbindlichen Beschlüssen befugt, wenn es die Landesregierung veranlassen will, im Bundesrat der Durchführung der von der Bundesregierung beschlossenen Maßnahmen des Bundeszwanges die Zustimmung zu erteilen. Es kann hingegen durch schlich-

---
[18] Zum Verfahren des Bundeszwanges siehe oben S. 97 f.
[19] Siehe oben S. 99 f..
[20] Statt aller BVerfGE 8, 104 (120).
[21] Siehe Hans Schäfer, aaO, S. 28.

4. Kapitel: Beschlüsse in den staatlichen Tätigkeitsbereichen 131

ten Beschluß der Landesregierung bindend vorschreiben, wie sie im Bundesrat abstimmen soll, wenn der Bundesrat z. B. einem Bundesgesetz seine Zustimmung zu erteilen hat[22]. In solchen Fällen wirken die Länder durch den Bundesrat an der Gesetzgebung des Bundes mit, indem sie die erforderliche Zustimmung versagen oder erteilen. Der Erlaß von Rechtsnormen als Gesetzen im formellen und materiellen Sinne gehört aber zur Kernfunktion des Parlaments. Den Landesparlamenten muß deshalb das Recht eingeräumt werden, durch für die Landesregierungen verbindliche Beschlüsse ein entscheidenes Wort mitzusprechen, wenn der Bundesrat an der Gesetzgebung — richtiger: Rechtsetzung[23] — des Bundes teilnimmt.

3. Beurteilung des als Beispiel zitierten Landtagsbeschlusses

Das Ersuchen des Bayerischen Landtages an die Staatsregierung, im Bundesrat der Verordnung über die Weinbau-Betriebserhebung vom Frühjahr 1958 zuzustimmen, betraf eine Entscheidung der Landesregierung im Rahmen der Mitwirkung des Bundesrates an der Gesetzgebung des Bundes. Die Landesparlamente sind in einem solchen Fall befugt, das Verhalten ihrer Landesregierungen bzw. ihrer Bundesratsmitglieder durch Beschluß bindend festzulegen. Der Beschluß des Bayerischen Landtages kann, da er als Ersuchen abgefaßt worden ist, auch als verbindlich gewollt gedeutet werden. Als verbindlich gewollter Beschluß war er rechtmäßig und rechtswirksam. Die Staatsregierung ist deshalb verpflichtet gewesen, der genannten Verordnung zuzustimmen.

---

[22] Vgl. z. B. Art. 134 Abs. 4 GG, nach dem das Bundesgesetz über die Rechtsnachfolge in das Reichsvermögen der Zustimmung des Bundesrates bedarf.
[23] Vgl. oben Fußn. 14.

Fünftes Kapitel

Die rechtlichen Wirkungen der Nichtbeachtung eines verbindlichen schlichten Parlamentsbeschlusses und seine Durchsetzung

Es ist bereits darauf hingewiesen worden, daß die Exekutive die schlichten Parlamentsbeschlüsse grundsätzlich befolgt[1]. Sie unterscheidet dabei nicht zwischen verbindlichen und unverbindlichen Beschlüssen. Es ist jedoch auch denkbar, daß die Exekutive dem vom Parlament in einem schlichten Beschluß geäußerten Willen einmal nicht nachkommt. Die *tatsächlichen* Folgen, die sich hieraus für die Exekutive ergeben können, sind ebenfalls schon aufgezeigt worden[2].

Es ist nunmehr noch darauf einzugehen, ob auch *rechtliche* Wirkungen ausgelöst werden, wenn die Exekutive einen schlichten Parlamentsbeschluß mißachtet. In diesem Zusammenhang interessieren freilich nur verbindliche schlichte Beschlüsse; die Nichtbefolgung eines unverbindlichen Parlamentsbeschlusses kann als solche keine unmittelbaren rechtlichen Folgen haben. Anders liegen die Dinge bei der Nichtbeachtung verbindlicher Beschlüsse. Hier ist zu prüfen, ob etwaige Maßnahmen der Exekutive, weil sie einem verbindlichen Parlamentsbeschluß widersprechen, deswegen als unwirksam anzusehen sind. Ferner stellt sich bei einem verbindlichen Beschluß die Frage, ob das Parlament seinen Willen notfalls auch im Klagewege durchsetzen kann.

I. Keine Unwirksamkeit der Akte der Exekutive bei Mißachtung eines verbindlichen Beschlusses

Die verbindlichen schlichten Parlamentsbeschlüsse sind lediglich im Innenverhältnis zwischen Exekutive und Parlament rechtlich von Bedeutung; die Bindung der Exekutive durch einen schlichten Parlamentsbeschluß wirkt nur staatsintern[3]. Unmittelbar rechtserhebliche Akte der Exekutive sind wirksam, wenn sie durch die Verfassung oder eine andere besondere Rechtsgrundlage gedeckt sind. Der Umstand, daß sich die Exekutive dabei in Widerspruch zu einem verbindlichen schlichten Par-

---

[1] Siehe oben 2. Kap., V.
[2] Siehe oben 2. Kap., V.
[3] Vgl. z. B. oben S. 68 f.

5. Kapitel: Nichtbeachtung verbindlicher Beschlüsse 133

lamentsbeschluß setzt, kann nicht die rechtliche Unwirksamkeit ihrer Handlungen zur Folge haben.

Zwei Beispiele mögen dies verdeutlichen: Die Stimme der Bundesratsmitglieder gilt so, wie sie abgegeben ist. Erteilen die von der Landesregierung bestellten Bundesratsmitglieder z. B. einem zustimmungsbedürftigen Gesetz die Zustimmung, obwohl sich das Landesparlament in einem für die Landesregierung bzw. ihre Bundesratsmitglieder verbindlichen Beschluß gegen eine solche Zustimmung ausgesprochen hat, ist das betreffende Bundesland trotzdem an die Stimmabgabe gebunden. Die Rechtslage kann hier nicht anders beurteilt werden, als wenn die Bundesratsmitglieder bei ihrer Entscheidung eine bindende Instruktion ihrer Landesregierung mißachten. Es ist einhellige Meinung im Schrifttum, daß in diesem Fall das Bundesland gleichwohl an die Stimmabgabe seiner Bundesratsmitglieder gebunden ist, weil die Weisungen der Landesregierungen an ihre Mitglieder im Bundesrat nur im Innenverhältnis rechtserheblich sind[4]. — Trifft die Bundesregierung mit einem auswärtigen Staat Vereinbarungen, die im Widerspruch zu einer für die Bundesregierung verbindlichen Grundentscheidung in der Form eines schlichten Parlamentsbeschlusses stehen, so sind diese Abmachungen trotz der Nichtbeachtung des verbindlichen schlichten Parlamentsbeschlusses wirksam. Nach herrschender, freilich nicht ganz unbedenklicher Ansicht ist die Bundesrepublik an völkerrechtliche Verträge gegenüber ihren Vertragspartnern gebunden, selbst wenn die Verträge ohne die erforderliche Zustimmung der gesetzgebenden Körperschaften ratifiziert worden sind. Dies ergibt sich vor allem aus Gründen der Rechtssicherheit und des Vertrauensschutzes[5]. Ebenso wird man deshalb völkerrechtliche Handlungen auch dann als für die Bundesrepublik bindend zu betrachten haben, wenn die Bundesregierung sich damit über einen verbindlichen schlichten Parlamentsbeschluß hinwegsetzt.

II. Verbindliche schlichte Parlamentsbeschlüsse und der Verfassungsrechtsweg

Bei der Durchsetzung eines verbindlichen Parlamentsbeschlusses im Klagewege geht es um die rechtlichen Beziehungen zwischen den Verfassungsorganen Regierung und Parlament. Solche Streitigkeiten sind deshalb verfassungsrechtlicher Natur. Im Bund ist zur Entscheidung von verfassungsrechtlichen Streitigkeiten grundsätzlich das Bundesverfas-

---

[4] Vgl. v. Mangoldt-Klein, Anm. IV 3 a zu Art. 51 GG mit weiteren Nachweisen.
[5] Siehe dazu im einzelnen Maunz-Dürig, Rdn. 33 zu Art. 59 GG, und v. Mangoldt-Klein, Anm. IV 8 zu Art. 59 GG mit weiteren Nachweisen.

sungsgericht berufen (Art. 93 Abs. 1 Nr. 1 GG). Als spezielle Verfahrensart kommt dabei das Verfahren bei den sogenannten Organstreitigkeiten in Betracht[6].

1. Die Regelung des Verfahrens bei Organstreitigkeiten

Das Verfahren bei Organstreitigkeiten ist in Art. 93 Abs. 1 Nr. 1 GG sowie in den §§ 13 Nr. 5, 63 bis 67 BVGG geregelt.

Nach Art. 93 Abs. 1 Nr. 1 GG, § 13 Nr. 5 BVGG entscheidet das Bundesverfassungsgericht über die Auslegung des Grundgesetzes aus Anlaß von Streitigkeiten über den Umfang der Rechte und Pflichten eines obersten Bundesorgans oder anderer Beteiligter, die durch das Grundgesetz oder in der Geschäftsordnung eines obersten Bundesorgans mit eigenen Rechten ausgestattet sind. Der Antragsteller muß gemäß § 64 Abs. 1 BVGG geltend machen, daß er oder das Organ, dem er angehört, durch eine Maßnahme oder Unterlassung des Antragsgegners in seinen ihm durch das Grundgesetz übertragenen Rechten und Pflichten verletzt oder unmittelbar gefährdet ist. Antragsteller können nach § 63 BVGG neben dem Bundestag auch einzelne Fraktionen als Teile des Parlaments sein. Den Fraktionen steht uneingeschränkt die Befugnis zu, Rechte und Pflichten des Parlaments geltend zu machen[7]. Eine Fraktion kann diese Rechte und Pflichten selbst dann wahrnehmen, wenn das Parlament ein bestimmtes Verhalten der Bundesregierung gebilligt hat[8].

Die Entscheidung des Bundesverfassungsgerichts ist nach Art. 93 Abs. 1 Nr. 1 GG, § 67 BVGG auf die Feststellung beschränkt, ob die vom Antragsteller beanstandete Maßnahme oder Unterlassung des Antragsgegners gegen das Grundgesetz verstößt oder nicht. Das Bundesverfassungsgericht kann nicht zu einem Tun oder Unterlassen verurteilen oder eine

---

[6] Nur diese bundesrechtlichen Vorschriften werden den nachstehenden Untersuchungen zugrundegelegt. Es würde zu weit führen, hier noch näher darauf einzugehen, ob und in welcher Form auch in den Ländern ähnliche Regelungen bestehen. Es wird lediglich, soweit dies geboten erscheint, anmerkungsweise auf entsprechende Vorschriften in Bayern verwiesen werden. Dabei kommt für den Bayerischen Landtag eine Anrufung des Bayerischen Verfassungsgerichtshofs gemäß Art. 64 BayVerf, §§ 42, 43 VfGHG in Betracht, wenn die Staatsregierung einem verbindlichen Landtagsbeschluß nicht nachkommt. Nach Art. 64 BayVerf, § 42 Abs. 1 VfGHG kann bei Verfassungsstreitigkeiten zwischen obersten Staatsorganen oder in der Verfassung mit eigenen Rechten ausgestatteten Teilen eines obersten Staatsorgans eine Entscheidung des Verfassungsgerichtshofs herbeigeführt werden.
[7] Vgl. Goessl, Organstreitigkeiten, S. 160 f mit Nachweisen aus der Rspr. des BVerfG.
[8] BVerfGE 1, 351 (359).

5. Kapitel: Nichtbeachtung verbindlicher Beschlüsse 135

Gestaltung vornehmen[9, 10]. Zum Grundgesetz im Sinne der Vorschriften des Art. 93 Abs. 1 Nr. 1 GG und des § 67 BVGG gehören sowohl die geschriebenen Verfassungsnormen als auch das ungeschriebene Verfassungsrecht[11].

2. Keine Durchsetzung eines verbindlichen Beschlusses im Organstreitverfahren

Die Bundesregierung verstößt gegen das Grundgesetz, wenn sie Entscheidungen bzw. Maßnahmen trifft, die im Widerspruch zu einem als verbindlich zu qualifizierenden Beschluß des Bundestages stehen, oder wenn sie, obwohl sie nach dem Beschluß zum Handeln verpflichtet ist, untätig bleibt. Sie verletzt damit durch ihr Tun oder Unterlassen das aus der Verfassung ableitbare ungeschriebene Recht des Bundestages, die Bundesregierung durch einen schlichten Beschluß zu einem bestimmten Verhalten zu verpflichten.

Beantragt nun in einem solchen Fall der Bundestag oder eine einzelne Fraktion eine Entscheidung des Bundesverfassungsgerichts gemäß Art. 93 Abs. 1 Nr. 1 GG, § 67 BVGG, so hat das Gericht nur festzustellen, daß das von den Antragstellern gerügte Handeln oder Untätigbleiben der Bundesregierung grundgesetzwidrig ist. Es kann die Bundesregierung nicht verurteilen, dem in einem verbindlichen Beschluß geäußerten Begehren des Bundestages zu entsprechen. Der Bundestag kann also nicht erreichen, daß die untätige Bundesregierung zum Vollzug eines verbindlichen Beschlusses oder dazu verurteilt wird, eine Entscheidung bzw. Maßnahme rückgängig zu machen, die einem verbindlichen Beschluß widerspricht[12]. Es ist deshalb nicht möglich, daß der Bun-

---

[9] Vgl. Goessl, aaO, S. 40 f, 74 f mit weiteren Nachweisen; Mosler, BilfingerF, S. 272.
[10] Der BayVerfGH wird hingegen nach Art. 64 BayVerf, § 42 VfGHG auch zu einem Leistungsurteil berechtigt sein. Die genannten Bestimmungen lassen keine Beschränkung der Entscheidungsbefugnisse des Verfassungsgerichtshofs erkennen.
[11] Vgl. Goessl, aaO, S. 185, 192 mit weiteren Nachweisen.
[12] Alles dies ändert freilich nichts daran, daß die Bundesregierung an sich einen verbindlichen Bundestagsbeschluß zu befolgen und deshalb z. B. eine vom Bundesverfassungsgericht festgestellte Pflicht zum Tätigwerden nach dem Willen des Bundestages zu erfüllen hat. Diese Verpflichtung der Bundesregierung wird jedoch nicht erst durch die Entscheidung des Bundesverfassungsgerichts begründet. Sie besteht vielmehr bereits auf Grund der Bindung der Exekutive an die Verfassung und des sich daraus für die Regierung ergebenden Gebots, ihren verfassungsmäßigen Pflichten nachzukommen. Das Urteil des Bundesverfassungsgerichts hat mithin lediglich deklaratorische Bedeutung; es kann letzten Endes nur als ein Appell an die Bundesregierung aufgefaßt werden.

desregierung z. B. durch einen Spruch des Bundesverfassungsgerichts aufgegeben wird, gemäß einem verbindlichen Beschluß des Bundestages mit „den Großmächten über die Wiedervereinigung und einen Friedensvertrag zu verhandeln" oder von Vereinbarungen mit einem auswärtigen Staat zurückzutreten, weil sie einer verbindlichen Grundentscheidung in Beschlußform zuwiderlaufen.

Das Bundesverfassungsgericht kann der Bundesregierung auch nicht im Rahmen der Vollstreckung seines Urteils gemäß § 35 BVGG vorschreiben, sich im Sinne eines verbindlichen Parlamentsbeschlusses zu verhalten; § 35 BVGG berechtigt das Bundesverfassungsgericht, in seiner Entscheidung zu bestimmen, wer sie vollstreckt, bzw. im Einzelfall Art und Weise der Vollstreckung zu regeln. Solche Vollstreckungsmaßnahmen sind nun zwar, wie das *Bundesverfassungsgericht* meint[13], wohl auch bei Feststellungsentscheidungen denkbar; „Vollstreckung" soll hier der Inbegriff aller der Maßnahmen sein, die erforderlich sind, um die zur Verwirklichung des vom Bundesverfassungsgericht festgestellten Rechts notwendigen Tatsachen zu schaffen[14]. In Fällen der vorliegenden Art kann § 35 BVGG jedoch nicht zum Zuge kommen. Mindestens hat dies für Vollstreckungsmaßnahmen zu gelten, durch die der Bundesregierung ein bestimmtes Verhalten aufgegeben werden soll. Solche Maßnahmen widersprächen dem Wesen der Verfahrensregelung bei Organstreitigkeiten zwischen Bundesorganen. Wenn das Bundesverfassungsgericht, wie es § 67 BVGG näher präzisiert[15], gemäß Art. 93 Abs. 1 Nr. 1 GG lediglich „feststellen" darf, daß das beanstandete Verhalten der Bundesregierung gegen das Grundgesetz verstößt, dann sollen hier mit dieser Formulierung weitergehende Befugnisse dem Bundesverfassungsgericht mit Rücksicht auf den Grundsatz der Gewaltenteilung[16] ausdrücklich versagt werden. Das Grundgesetz hat das Organstreitverfahren vor dem Bundesverfassungsgericht so geregelt, daß es insbesondere „einen Befehl des einen Organs, des Bundesverfassungsgerichts, an ein anderes in diesem Verfahren nicht gibt"[17]. Vollstreckungsmaßnahmen der vorstehend geschilderten Art wären mithin unzulässige, an die Bundesregierung gerichtete Befehle des Bundesverfassungsgerichts[18].

---

[13] BVerfGE 6, 300 (303 f). A. A. Lechner, Anm. 1 zu § 35 BVGG.
[14] BVerfG, ebenda, unter Bezugnahme auf Adolf Arndt, DVBl. 1952, 3.
[15] BVerfGE 1, 208 (231 f).
[16] Vgl. Mosler, aaO, S. 275.
[17] Siehe Mosler, aaO, S. 275 f.
[18] Der Bayerische Landtag kann im Ergebnis ebenfalls nicht im Wege eines Verfassungsstreites nach Art. 64 BayVerf einen verbindlichen Beschluß durchsetzen. Das VfGHG enthält keine Vorschrift über die Vollstreckung eines Urteils, das in einem Verfassungsstreit ergangen ist. Hieraus ist zu schließen, daß der Verfassungsgerichtshof die Staatsregierung wohl zu einem bestimmten Verhalten verurteilen kann, aber nicht zu irgendwelchen Maßnahmen zur Vollstreckung seiner Entscheidung befugt ist.

3. Faktische Wirkungen des Organstreitverfahrens — das Mißtrauensvotum als ultima ratio

Wenn auch das Organstreitverfahren eine ausdrückliche Verurteilung der Bundesregierung zur Befolgung eines verbindlichen Parlamentsbeschlusses ausschließt, darf man dennoch nicht die Bedeutung eines solchen Verfahrens unterschätzen; sie liegt in den faktischen Wirkungen des Feststellungsurteils.

Schon der Umstand, daß der Bundestag bei der Nichtbeachtung eines verbindlichen Beschlusses das Bundesverfassungsgericht anrufen und ein Feststellungsurteil herbeiführen kann, wird die Bundesregierung im Regelfall davon abhalten, dem Beschluß nicht nachzukommen. Sie setzt sich sonst der Gefahr aus, daß das Bundesverfassungsgericht die Grundgesetzwidrigkeit ihres Verhaltens vor aller Öffentlichkeit feststellt. Hat die Bundesregierung es aber einmal zu einem Organstreitverfahren und zu einem Feststellungsurteil im Sinne des Bundestages kommen lassen, so wird sie nach der Entscheidung des Bundesverfassungsgerichts kaum mehr zögern können, dem Willen des Parlaments zu entsprechen.

Das Organstreitverfahren erhält schließlich sein besonderes Gewicht noch dadurch, daß auch eine einzelne Bundestagsfraktion Antragsteller sein und die Rechte des Bundestages wahrnehmen kann. So ist auch eine Bundestagsfraktion, die sich im Parlament in der Minderheit befindet, in der Lage, die Grundgesetzwidrigkeit des Verhaltens der Bundesregierung selbst dann feststellen zu lassen, wenn die Mehrheit des Parlaments von einer Anrufung des Bundesverfassungsgerichts absieht, weil sie die von ihr getragene Regierung nicht durch ein Feststellungsurteil vor aller Öffentlichkeit bloßstellen will. Die rechtliche Situation ändert sich freilich, wenn die Mehrheit den umstrittenen Beschluß wieder aufhebt und die Bundesregierung damit aus ihrer Bindung entläßt. Eine von der Minderheit angestrengte Klage erledigt sich hierdurch.

Als letztes Mittel, seinem Willen Geltung zu verschaffen, bleibt dem Bundestag schließlich die Möglichkeit eines Mißtrauensvotums. Er muß die Regierung, die sich trotz des gegen sie ergangenen Feststellungsurteils des Bundesverfassungsgerichts weiterhin weigert, einem verbindlichen Bundestagsbeschluß nachzukommen, gemäß Art. 67 GG stürzen und eine Regierung berufen, die bereit ist, den Vorstellungen des Bundestages zu folgen. Die Verantwortung, die es mit einem verbindlichen schlichten Beschluß übernimmt, verbleibt also letztlich stets bei dem Parlament; es kann sie nicht im Wege eines Verfassungsstreites auf die Judikative abwälzen.

Sechstes Kapitel

Zur Frage einer Aufwertung des schlichten Parlamentsbeschlusses

Eine typische Erscheinung des modernen Wohlfahrts- und Sozialstaates ist die starke Ausweitung der Gesetzgebung. Folgen dieser Entwicklung sind u. a. die Überbeschäftigung des Parlaments und eine weitgehende Entwertung des Gesetzes als einer dauerhaften Ordnung, da sich die Masse der Gesetze als kurzlebig und situationsbedingt erweist[1]. Das Schrifttum hat sich schon wiederholt damit beschäftigt, wie man diesem Übelstand abhelfen kann. Man hat z. B. erwogen, den parlamentarischen Rechtsetzungsakten, die lediglich „vorübergehende Anordnungen" darstellen, eine „andere Form und Bezeichnung" als die des Gesetzes zu geben[2].

Es liegt nahe, in diesem Zusammenhang auch an den schlichten Parlamentsbeschluß zu denken und sich zu fragen, ob er vielleicht ein Mittel zur Behebung der vorerwähnten Mängel bei der parlamentarischen Gesetzgebung sein kann. Er könnte z. B. eine solche Abhilfe schaffen, wenn man ihn mit den Rechtswirkungen des förmlichen Gesetzes ausstatten, gleichzeitig aber das „Gesetz" substantiell und terminologisch lediglich für grundlegende Akte von wirklichem Gewicht vorbehalten würde. Der schlichte Parlamentsbeschluß nähme dann denselben Rang im Sinne des Art. 20 Abs. 3 GG ein wie ein formelles Gesetz[3]. Eine derartige „Aufwertung"[4] des schlichten Parlamentsbeschlusses, verbunden mit einer Beschränkung des förmlichen Gesetzes auf nur grundlegende Akte, würde es dem Parlament ermöglichen, auf erheblich einfachere Art und Weise als bisher Rechtsnormen zu erlassen und für die Exekutive Handlungsermächtigungen zu schaffen. Das Beschlußverfahren ist

---

[1] Vgl. hierzu Scheuner, DÖV 1957, 635 f, und DÖV 1960, 605 ff, 609; Hans Schneider, NJW 1962, 1274 f.

[2] So Scheuner, DÖV 1957, 636. — In diesem Zusammenhang ist auf die für das deutsche Verfassungsrecht einmalige Regelung des Art. 66 Abs. 2 der Verfassung der Freien und Hansestadt Hamburg v. 6. 6. 1952 (GVBl. Nr. 29 v. 12. 6. 1952, S. 117) hinzuweisen. Danach wird der Haushaltsplan der Hansestadt Hamburg durch einen schlichten Beschluß der Bürgerschaft (dem Landesparlament) festgestellt. Das Beschlußverfahren ist in diesem Falle allerdings dem Gesetzgebungsverfahren sehr ähnlich, da nach Art. 66 Abs. 2 Satz 2 zum Teil die Regeln des Gesetzgebungsverfahrens (z. B. zweimalige Lesung) auf den Etatbeschluß der Bürgerschaft entsprechende Anwendung finden; siehe dazu im einzelnen Ipsen, Hamburgs Verfassung, S. 281, 323 f, 462 f.

[3] Vgl. Lerche, NJW 1961, 1759.

[4] Lerche, ebenda.

6. Kapitel: Zur Aufwertung des schlichten Parlamentsbeschlusses

nicht so umständlich und schwerfällig wie das Gesetzgebungsverfahren mit seinen drei Lesungen im Plenum und seinen mehrfachen Ausschußberatungen[5]. Schlichte Parlamentsbeschlüsse kommen überdies im Unterschied zu förmlichen Gesetzen ohne eine Beteiligung des Bundesrates (bzw. des Senats) zustande und werden nicht besonders publiziert. Weiterhin ließe sich mit einer Aufwertung des schlichten Parlamentsbeschlusses erreichen, die große Zahl vorübergehender Anordnungen des Parlaments aus dem Gesetzesbegriff herauszuhalten. Das Gesetz würde hierdurch seine Funktion als dauerhafte Ordnung wiedererlangen können[6].

Eine Ausstattung des schlichten Parlamentsbeschlusses mit voller Rechtsverbindlichkeit könnte also in der Tat dazu beitragen, einerseits das Parlament zu entlasten und andererseits dem Gesetz seine ursprüngliche Würde und Bedeutung wiederzugeben. Eine solche Regelung müßte auch nicht unbedingt zu einer „Selbstausbreitung" des Parlaments führen[7]. Es ist zwar richtig, daß eine uneingeschränkte Befugnis des Parlaments zu verbindlichen Beschlüssen zur Folge haben kann, daß das Parlament in Zukunft auch auf Entscheidungen bindend Einfluß nimmt, die die Exekutive nach geltendem Recht aus Gründen „einer in sich funktionierenden Staatsleitung und -verwaltung" und vor allem zum Schutze des Einzelnen in eigener Verantwortung und nach eigenem (pflichtgemäßen) Ermessen zu treffen hat[8]. So wäre das Parlament dann z. B. imstande, durch einen schlichten Beschluß die Ausführung eines Gesetzes gegenüber einem unbestimmten Betroffenenkreis verbindlich zu regeln. Eine solche Selbstausbreitung des Parlaments könnte jedoch verhindert werden, wenn man den mit Rechtsverbindlichkeit versehenen schlichten Parlamentsbeschluß nur für die nach geltendem Recht der Gesetzgebung unterliegenden Gegenstände zuließe. Die bisher für alle Gesetzgebungstätigkeit bestehenden Bindungen und Beschränkungen hätten dann künftig auch für die schlichten Parlamentsbeschlüsse zu gelten. Das Parlament wäre hiernach z. B. nicht befugt, einen — nunmehr verbindlichen — schlichten Beschluß zu fassen, um die Exekutive zur Vornahme eines einzelnen Verwaltungsaktes zu veranlassen[9].

Es läßt sich mithin mancherlei dafür anführen, den schlichten Parlamentsbeschluß im vorbezeichneten Sinne aufzuwerten und das förmliche Gesetz auf die grundlegenden Akte von wirklichem Gewicht zu beschränken. Trotzdem wird man aber diesen Weg nicht gehen können. Den damit verbundenen Vorteilen stehen auf der anderen Seite erhebliche Nachteile gegenüber. Sie sind so schwerwiegend, daß sie durch die

---
[5] Vgl. oben S. 118.
[6] Vgl. Lerche, ebenda.
[7] Auf diesen Gesichtspunkt weist Lerche, ebenda, hin.
[8] Siehe Lerche, ebenda.
[9] Vgl. dazu oben S. 109.

Vorteile einer etwaigen Aufwertung des schlichten Parlamentsbeschlusses nicht ausgeglichen werden können.

Das Haupthindernis, den schlichten Parlamentsbeschluß aufzuwerten, bildet der Begriff des förmlichen Gesetzes. Er gehört zum Rechtsstaatsbegriff und ist Bestandteil der Verfassung; das in Art. 20 Abs. 3 GG ausgesprochene Prinzip der Gesetzmäßigkeit der Verwaltung baut auf dem Begriff des förmlichen Gesetzes auf[10]. Wollte man nun dem schlichten Parlamentsbeschluß die Rechtswirkungen des Gesetzes verleihen und zugleich eine substantielle Unterscheidung von Gesetz und schlichtem Parlamentsbeschluß einführen, so wäre dies deshalb nur durch eine Verfassungsänderung möglich. Funktion und Inhalt des formellen Gesetzesbegriffes würden sich hierbei wandeln. Der schlichte Parlamentsbeschluß träte weitgehend an die Stelle des förmlichen Gesetzes. Eine Aufwertung des schlichten Parlamentsbeschlusses wäre also eine teilweise Abwendung von dem bestehenden System rechtsstaatlicher Formtypik, zu dem z. B. die Rechtsbegriffe Gesetz, Verwaltungsakt und Verordnung gehören. Eine partielle Ersetzung der gegebenen Rechtsbegriffe durch neue würde jedoch das System als Ganzes in Frage stellen[11]. Schon aus diesem Grunde wird man daher eine Aufwertung des schlichten Parlamentsbeschlusses ablehnen müssen.

Ferner ist aber noch folgendes zu bedenken:

Das „abgekürzte, summarische Verfahren"[12], in dem die schlichten Parlamentsbeschlüsse gefaßt werden, verbürgt nicht wie das Gesetzgebungsverfahren eine offene und ausgleichende Entscheidung; vor allem fehlt bei ihm eine ausreichende Kontrolle durch die Öffentlichkeit[13]. Auf diese Merkmale des Gesetzgebungsverfahrens wird man jedoch nicht verzichten können, wenn man sich vergegenwärtigt, in welchem Umfange die verschiedenen gesellschaftlichen Kräfte und Gruppen im modernen Wohlfahrts- und Sozialstaat die Entscheidungen des Parlaments zu beeinflussen versuchen[14].

Das summarische Verfahren der Beschlußfassung kann weiterhin leicht zu einer unübersehbaren Vielzahl punktueller Einzelmaßnahmen und -ermächtigungen führen. Der Judikative fiele dann die kaum zu bewältigende Aufgabe zu, durch nachträgliche Korrekturen die Einzelakte des Parlaments aufeinander abzustimmen. Klarheit und Systematik des geltenden Rechts — die unabdingbaren Voraussetzungen der

---

[10] Vgl. Maunz-Dürig, Rdn. 62 zu Art. 20 GG.
[11] Vgl. Forsthoff, Verfassungsauslegung, S. 23 f.
[12] Lerche, ebenda.
[13] Vgl. hierzu auch oben S. 118.
[14] Vgl. Scheuner, DÖV 1960, 607, 609 und passim.

6. Kapitel: Zur Aufwertung des schlichten Parlamentsbeschlusses

Rechtssicherheit, eines wesentlichen Elements des Rechtsstaatsprinzips — wären nicht mehr gewährleistet[15].

Schließlich mangelt es bei den schlichten Parlamentsbeschlüssen noch an der notwendigen und unverzichtbaren allgemeinen Evidenz. Eine Rechtsnorm muß wegen ihrer Wirkung gegenüber einem unbestimmten Kreis von Rechtsträgern förmlich in einer Art und Weise publiziert werden, die es allen Betroffenen ermöglicht, von ihrem Inhalt Kenntnis zu nehmen[16]. Bei dem schlichten Parlamentsbeschluß gibt es jedoch keine solche Veröffentlichung; er wird nicht wie das Gesetz in einem besonderen Publikationsorgan (z. B. Gesetzblatt) verkündet.

Alle diese Bedenken sind so gewichtig, daß sie in ihrer Gesamtheit eine „Aufwertung" des schlichten Parlamentsbeschlusses letztlich verbieten.

---

[15] Vgl. Lerche, ebenda; Engisch, Einführung, S. 163, 166; BVerfGE 3, 225 (237).
[16] Siehe Obermayer, Grundzüge, S. 53, 58.

Anhang

Bedeutung der nicht gesetzlich geregelten schlichten Parlamentsbeschlüsse für Judikative und Rechtsträger

I. Der schlichte Parlamentsbeschluß und die Judikative

Die nicht gesetzlich geregelten schlichten Parlamentsbeschlüsse sind für die Judikative nur als *Auslegungsbehelf*[1] bedeutsam.

Eine unmittelbare Verbindlichkeit schlichter Parlamentsbeschlüsse kommt für die Judikative nicht in Betracht. Schlichte Parlamentsbeschlüsse berühren lediglich das Innenverhältnis zwischen Parlament und Exkutive. Sind sie für die Exekutive verbindlich, so binden sie diese bloß staatsintern. Akte der Exekutive sind mithin auch dann wirksam, wenn sie im Widerspruch zu einem verbindlichen Beschluß stehen[2]. Die Judikative kann daher eine Maßnahme der Exekutive nicht deshalb aufheben, weil sie mit einem verbindlichen Beschluß des Parlaments unvereinbar ist.

Ein schlichter Parlamentsbeschluß kann für die Gerichte auch nicht in dem Sinne bindend sein, daß sie ihn etwa als Rechtsgrundlage für Akte der Exekutive zu werten haben, die die Rechtssphäre von Rechtsträgern berühren. Schlichte Parlamentsbeschlüsse können die Exekutive nicht zu Maßnahmen mit rechtlicher Außenwirkung ermächtigen. Sie sind in jedem Falle rechtswidrig und rechtlich unwirksam, wenn sie für sich allein die Verwaltungsbehörden zu Handlungen gegenüber Rechtsträgern veranlassen sollen und eine besondere gesetzliche Ermächtigung hierfür fehlt[3].

Schlichte Parlamentsbeschlüsse können schließlich, soweit sie sich auf die Ausführung eines Gesetzes beziehen, nicht etwa als eine authentische Interpretation die Gerichte binden. Eine solche Bindung scheitert daran, daß schlichte Parlamentsbeschlüsse nicht die Wirkungen von Rechtsnormen entfalten; sie können deshalb auch nicht den Charakter einer authentischen Interpretation annehmen[4].

---

[1] Zum Begriff des Auslegungsbehelfs vgl. oben S. 113.
[2] Siehe oben S. 132 f.
[3] Vgl. oben S. 116 f, 121.
[4] Siehe oben S. 113.

Hiernach kann die Bedeutung schlichter Parlamentsbeschlüsse für die Judikative allein darin bestehen, daß die Gerichte — wie die Exekutive — solche Beschlüsse unter den bereits oben aufgezeigten Voraussetzungen[5] als Auslegungsbehelf verwerten. Dies gilt vor allem dann, wenn der Gesetzgeber der Exekutive einen weiten Ermessens- oder Beurteilungsspielraum eingeräumt hat. In einem solchen Fall können schlichte Parlamentsbeschlüsse wichtige Hinweise dafür enthalten, ob bzw. wann die Exekutive ein Gesetz ermessensfehlerfrei und seinem Sinn und Zweck entsprechend richtig vollzieht. Verbindlich für die Gerichte ist hierbei freilich stets nur das Gesetz, nicht aber der zur Ermittlung seines Sinngehalts herangezogene schlichte Parlamentsbeschluß. Der schlichte Parlamentsbeschluß ist also lediglich mittelbar rechtserheblich für die Judikative. Hinsichtlich dieser indirekten Gerichtserheblichkeit läßt er sich mit Verwaltungsvorschriften vergleichen, die vorgesetzte Verwaltungsbehörden bzw. -organe zur Lenkung des Ermessens nachgeordneter Dienststellen erlassen. Solche Ermessensrichtlinien können insoweit für ein Gericht mittelbar rechtserheblich sein, als es ein Abweichen der Exekutive von ihnen als Verstoß gegen das Gleichbehandlungsgebot bzw. als eine Verletzung des Vertrauensgrundsatzes zu bewerten hat[6].

II. Der schlichte Parlamentsbeschluß und der einzelne Rechtsträger

Nicht gesetzlich geregelte schlichte Parlamentsbeschlüsse begründen weder für einen Rechtsträger Rechtspflichten bzw. Rechte, noch ändern sie seine Rechtsstellung durch einen Gestaltungsakt. Dies ergibt sich daraus, daß die schlichten Parlamentsbeschlüsse, mögen sie nun verbindliche oder unverbindliche Beschlüsse sein, lediglich das Innenverhältnis zwischen dem Parlament und der Exekutive berühren und ihnen unmittelbare Rechtswirkungen im Außenverhältnis fehlen. Vor allem können sie keine Rechtsnormwirkungen entfalten[7].

Hieraus ergibt sich im einzelnen folgendes:

Da schlichte Parlamentsbeschlüsse nicht in die Rechtssphäre eines Rechtsträgers eingreifen, können sie ihn auch nicht in seinen Rechten verletzen. Der Rechtsträger kann deshalb einen schlichten Parlamentsbeschluß nicht in einem gerichtlichen Verfahren angreifen und seine Aufhebung erwirken, wenn er sich durch ihn in seinen Rechten beeinträchtigt fühlt. Auf die Rechtsweggarantie des Art. 19 Abs. 4 GG kann er sich in diesem Zusammenhang nicht berufen; sie gewährt nur Schutz gegen

---

[5] Siehe oben S. 114.
[6] Siehe hierzu Lerche, NJW 1961, 1758. Zur Gerichtserheblichkeit von Ermessensrichtlinien vgl. im einzelnen Jesch, Gesetz, S. 231 ff mit Nachweisen aus Rechtsprechung und Schrifttum.
[7] Vgl. oben S. 54.

unmittelbare Rechtsverletzungen[8]. Der Rechtsträger kann einen schlichten Parlamentsbeschluß weder mit einer Verfassungsbeschwerde gemäß § 90 BVGG zum Bundesverfassungsgericht noch durch eine Klage vor dem Verwaltungsgericht anfechten.

Eine Verfassungsbeschwerde kann zwar von jedermann mit der Behauptung erhoben werden, durch die öffentliche Gewalt in einem seiner Grundrechte oder in einem seiner in den Art. 33, 38, 101, 103 und 104 GG enthaltenen Rechte verletzt zu sein. Mit ihr können auch grundsätzlich Akte des Parlaments angefochten werden[9]. Voraussetzung für die Zulässigkeit der Verfassungsbeschwerde ist jedoch stets, daß der angefochtene Akt in den Rechtskreis des Beschwerdeführers unmittelbar eingreift[10]. Dies ist aber bei einem schlichten Parlamentsbeschluß gerade nicht der Fall[11].

Der Verwaltungsrechtsweg ist dem Rechtsträger außerdem noch deshalb verschlossen, weil er gemäß § 40 Abs. 1 Satz 1 VwGO nur für öffentlich-rechtliche Streitigkeiten nichtverfassungsrechtlicher Art zulässig ist. Akte, die — wie z. B. schlichte Parlamentsbeschlüsse — ausschließlich verfassungsrechtlich zu beurteilen sind[12], können daher nicht Streitgegenstand eines verwaltungsgerichtlichen Verfahrens sein.

Anders ist die Rechtslage freilich, wenn die Exekutive auf Grund eines schlichten Parlamentsbeschlusses gegen einen Rechtsträger Maßnahmen trifft und ihn dabei in seiner Rechtssphäre berührt. In einem solchen Fall kann — allerdings nur mittelbar — auch ein schlichter Parlamentsbeschluß zu einer Verletzung der Rechtssphäre eines Rechtsträgers führen. Der Betroffene hat dann die Möglichkeit, sich dagegen im Verwaltungsrechtsweg zu wehren. Seine Klage richtet sich jedoch hier im Kern nicht gegen den schlichten Parlamentsbeschluß, sondern gegen den Verwaltungsakt der Exekutive. Sie hat auch Erfolg, wenn der in die Rechtssphäre des Klägers eingreifende Verwaltungsakt nicht durch eine besondere Rechtsgrundlage gedeckt ist, sondern von der Exekutive lediglich unter Berufung auf einen schlichten Parlamentsbeschluß erlassen

---

[8] Maunz-Dürig, Rdn. 18 zu Art. 19 GG.
[9] Vgl. im einzelnen Maunz, Staatsrecht, S. 254 f.
[10] Vgl. Maunz, ebenda mit Nachweisen aus der Rspr. des BVerfG. — Entsprechendes gilt für eine Verfassungsbeschwerde gemäß Art. 120 BayVerf. Nach dieser Vorschrift kann derjenige, der sich durch eine Behörde in seinen verfassungsmäßigen Rechten verletzt fühlt, den Bayerischen Verfassungsgerichtshof anrufen. Der Schutz der Verfassungsbeschwerde bezieht sich ferner auch auf Akte des Landtags, wenn der Landtag nicht als rechtsetzendes Staatsorgan tätig geworden ist, sondern Maßnahmen der vollziehenden Gewalt getroffen hat. Einer Verfassungsbeschwerde nach Art. 120 BayVerf unterliegen aber ebenfalls nur solche Akte des Landtags, die unmittelbar in die Rechtssphäre des einzelnen eingreifen.
[11] So auch BayVGHE nF 12, II, 119 (122 f) in einem Verfahren gemäß Art. 120 BayVerf.
[12] Vgl. Obermayer, VA, S. 48 f, 91.

worden ist. Ein solcher Verwaltungsakt wäre rechtswidrig, da schlichte Parlamentsbeschlüsse die Exekutive nicht zum Erlaß von Einzelakten mit rechtlicher Außenwirkung ermächtigen können[13].

Endlich ist noch denkbar, daß ein Rechtsträger einen schlichten Parlamentsbeschluß nicht nur als einen Auslegungsbehelf zu seinen Gunsten verwertet wissen will, sondern glaubt, aus ihm wie aus einem Gesetz der Exekutive gegenüber für sich besondere Rechte ableiten zu können. In einem derartigen Fall muß eine Anfechtungs- oder Verpflichtungsklage gemäß den §§ 40 Abs. 1 Satz 1, 42, 113 VwGO jedoch abgewiesen werden. Sie kann deshalb keinen Erfolg haben, weil schlichte Parlamentsbeschlüsse für einen Rechtsträger keine Rechte begründen, deren Verletzung geltend gemacht werden könnte[14].

---

[13] Siehe oben S. 116 f, 121.
[14] Vgl. hierzu OVG Münster, Urt. v. 30. 10. 1961 — DVBl. 1962, 139.

Schrifttumsverzeichnis

Arndt, Adolf, Das Bundesverfassungsgericht, DVBl. 1952, 1—5.
Bachof, Otto, Verfassungswidrige Verfassungsnormen?, Recht und Staat 163/164, Tübingen 1951; zit. Bachof, Verfassungswidrige Verfassungsnormen.
— Die Rechtsprechung des Bundesverwaltungsgerichts (BVerwGE Band 4—12), JZ 1962, 350—357.
— Verfassungsrecht, Verwaltungsrecht, Verfahrensrecht in der Rechtsprechung des Bundesverwaltungsgerichts, Teil 1 und 2, Tübingen 1963; zit. Bachof, Rechtsprechung.
Bellstedt, Christoph, Bedürfen Subventionen gesetzlicher Grundlage?, DÖV 1961, 161—171.
Bühler, Ottmar, Kommentierung der Artikel 112 und 114 im Kommentar zum Bonner Grundgesetz (Bonner Kommentar), Hamburg 1950 ff; zit. Bühler, Bonner Kommentar.
Bussler, Peter, Die verfassungsmäßigen Zuständigkeiten von Landtag und Staatsregierung, Bayerische Staatszeitung v. 12. 4. 1952 (Nr. 15), S. 5; zit. Bussler, Staatszeitung.
Dahm, Georg, Deutsches Recht, 2. Aufl., Stuttgart 1963; zit. Dahm, Recht.
Engisch, Karl, Einführung in das juristische Denken, 3. Aufl., Stuttgart 1964; zit. Engisch, Einführung.
Eschenburg, Theodor, Die Richtlinien der Politik im Verfassungsrecht und in der Verfassungswirklichkeit, DÖV 1954, 193—202.
Fleiner, Fritz, Institutionen des deutschen Verwaltungsrechts, 8. Aufl., Tübingen 1928; zit. Fleiner, Institutionen.
Forsthoff, Ernst, Lehrbuch des Verwaltungsrechts, 1. Bd., 8. Aufl., München und Berlin 1961; zit. Forsthoff, Verwaltungsrecht.
— Zur Problematik der Verfassungsauslegung, res publica 7, Stuttgart 1961; zit. Forsthoff, Verfassungsauslegung.
Friesenhahn, Ernst, Parlament und Regierung im modernen Staat, VVDStRL 16 (1958), 9 ff.
Fuss, Ernst-Werner, Die Nichtigerklärung der Volksbefragungsgesetze von Hamburg und Bremen, AöR 83 (1958), 383—422.
Giese, Friedrich, Staatsrecht, Wiesbaden 1956; zit. Giese, Staatsrecht.
— Grundgesetz für die Bundesrepublik Deutschland v. 23. 5. 1949, 7. Aufl., neubearbeitet von Egon *Schunck*, Frankfurt/M. 1965; zit. Giese-Schunck.
Goessl, Manfred, Organstreitigkeiten innerhalb des Bundes, Berlin 1961; zit. Goessl, Organstreitigkeiten.
Grewe, Wilhelm, Die auswärtige Gewalt der Bundesrepublik, VVDStRL 12 (1954), 129 ff.
Gröpl, Erhard, Gesetzesfreie Verwaltung und Grundgesetz, BayVBl. 1962, 193—196.
Gross, Werner, Betrachtungen, DVBl. 1954, 322—324, 632—634.

Guradze, Heinz, Eine neue Verfassungslehre (Besprechung von: Karl Löwenstein, Verfassungslehre), NJW 1962, 330—332.
Hamann, Andreas, Die Bindung der staatlichen Organisationsgewalt an die Gesetzgebung, NJW 1956, 1—4.
— Das Grundgesetz, Kommentar, 2. Aufl., Neuwied—Berlin 1961; zit. Hamann.
Haueisen, Fritz, Verwaltung und Bürger, DVBl. 1961, 833—839.
Heckel, Johannes, Budgetäre Ausgabeninitiative im Reichstag zugunsten eines Reichskultusfonds, AöR 12 (1927), 420—471.
— Einrichtung und rechtliche Bedeutung des Reichshaushaltsgesetzes, Handbuch des Deutschen Staatsrechts, herausgegeben von Gerhard Anschütz und Richard Thoma, Bd. 2, Tübingen 1932, S. 374—392; zit. Heckel, HDStR II.
— Die Budgetverabschiedung, insbesondere die Rechte und Pflichten des Reichstags, daselbst, S. 392—411; zit. Heckel, HDStR II.
Herrnritt, Rudolf Herrmann, Grundlehren des Verwaltungsrechtes, Tübingen 1921; zit. Herrnritt, Verwaltungsrecht.
Hesse, Konrad, Der unitarische Bundesstaat, Karlsruhe 1962; zit. Hesse, Bundesstaat.
Hettlage, Karl M., Die Finanzverfassung im Rahmen der Staatsverfassung, VVDStRL 14 (1956), 2 ff.
Huber, Konrad, Maßnahmegesetz und Rechtsgesetz, Berlin 1963; zit. Konrad Huber, Maßnahmegesetz.
Imboden, Max, Montesquieu und die Lehre der Gewaltentrennung, Berlin 1959; zit. Imboden, Gewaltentrennung.
— Das Gesetz als Garantie rechtsstaatlicher Verwaltung, 2. Aufl., Basel—Stuttgart 1962; zit. Imboden, Gesetz.
Ipsen, Hans Peter, Politik und Justiz, Hamburg 1937; zit. Ipsen, Politik.
— Hamburgs Verfassung und Verwaltung, Hamburg 1956; zit. Ipsen, Hamburgs Verfassung.
— Öffentliche Subventionierung Privater, Köln—Berlin 1956; zit. Ipsen, Subventionierung.
— Die Junktim-Klausel im völkerrechtlichen Vertrag, NJW 1963, 1377—1383.
Ipsen, Hans Peter — *Nicolaysen,* Gert, Europäisches Gemeinschaftsrecht (Das Aktionsprogramm für die Zweite Stufe und Bericht über die aktuelle Entwicklung des Gemeinschaftsrechts), NJW 1963, 1713—1721.
Jellinek, Georg, Allgemeine Staatslehre, 3. Aufl., bearbeitet von Walter Jellinek, Berlin 1922, Neudruck 1959; zit. Georg Jellinek, Staatslehre.
Jesch, Dietrich, Gesetz und Verwaltung, Tübingen 1961; zit. Jesch, Gesetz.
Kägi, Oskar Werner, Zur Entstehung, Wandlung und Problematik des Gewaltenteilungsprinzipes, Zürich 1937; zit. Kägi, Gewaltenteilungsprinzip.
— Die Verfassung als rechtliche Grundordnung des Staates, Zürich 1945; zit. Kägi, Verfassung.
Kaufmann, Erich, Die Grenzen der Verfassungsgerichtsbarkeit, VVDStRL 9 (1952), 1 ff.
— Normenkontrollverfahren und völkerrechtliche Verträge, Gedächtnisschrift für Walter Jellinek, München 1955, S. 445—456; zit. Erich Kaufmann, JellinekF.
Kern, Ernst, Bundestag und Bundesregierung, MDR 1950, 655—657.
Klein, Friedrich, Bonner Grundgesetz und Rechtsstaat, ZgesStW 106 (1950), 390—411.
— Zur rechtlichen Verbindlichkeit von Bundestagsbeschlüssen (BVerwGE 12, 16), JuS 1964, 181—190.

Kleinrahm, Kurt, Gesetzgebungshilfsdienst für deutsche Parlamente? Zur Ontologie der gesetzgeberischen Willensbildung, AöR 79 (1953/1954), 137—157.

Köttgen, Arnold, Die Organisationsgewalt, VVDStRL 16 (1958), 154 ff.

Kratzer, Walter, „Der Staatsregierung und den einzelnen Staatsministerien obliegt der Vollzug . . . der Beschlüsse des Landtages", Dissertation München 1954 (Maschinenschrift); zit. Walter Kratzer, Dissertation.

Krüger, Herbert, Verfassungsauslegung aus dem Willen des Verfassungsgebers, DVBl. 1961, 685—689.

Laforet, Wilhelm, Diskussionsbeitrag zum Thema: Kabinettsfrage und Gesetzgebungsnotstand nach dem Grundgesetz, VVDStRL 8 (1950), 55—57.

Larenz, Karl, Methodenlehre der Rechtswissenschaft, Berlin—Göttingen—Heidelberg 1960; zit. Larenz, Methodenlehre.

Lechner, Hans, Bundesverfassungsgerichtsgesetz, Kommentar, München und Berlin 1954; zit. Lechner.

Leibholz, Gerhard, Strukturprobleme der modernen Demokratie, Karlsruhe 1958; zit. Leibholz, Strukturprobleme.

Lerche, Peter, Bundestagsbeschlüsse ohne Gesetzesbefehl über Subventionen (Anmerkung zum Urt. d. BVerwG v. 20. 1. 1961 — BVerwGE 12, 16), NJW 1961, 1758—1760.

Löwenstein, Karl, Verfassungslehre, Tübingen 1959; zit. Löwenstein, Verfassungslehre.

M., U., Mißbilligungsvoten gegen Bundesminister (Glosse), AöR 76 (1950/1951), 338—342.

Mallmann, Walter, Schranken nichthoheitlicher Verwaltung, VVDStRL 19 (1961), 165 ff.

v. Mangoldt, Hermann, Das Bonner Grundgesetz, Kommentar, Berlin und Frankfurt/M. 1953; zit. v. Mangoldt.

— 2. Aufl., neubearbeitet von Friedrich *Klein*, Berlin und Frankfurt/M., ab 1957; zit. v. Mangoldt-Klein.

Maunz, Theodor, Die Richtlinien der Politik im Verfassungsrecht, II. Inhalt und Anwendung des Begriffs, BayVBl. 1956, 260—262.

— Volksbefragung und Bundesstaat, BayVBl. 1958, 305.

— Grundgesetz und Volksbefragungsgesetze, DÖV 1959, 1—5.

— Deutsches Staatsrecht, 14. Aufl., München und Berlin 1965; zit. Maunz, Staatsrecht.

Maunz, Theodor — *Dürig*, Günter, Grundgesetz, Kommentar, München und Berlin, ab 1958; zit. Maunz-Dürig.

Mayer, Otto, Deutsches Verwaltungsrecht, Bd. 1, 1. Aufl., Leipzig 1895; zit. Otto Mayer, Verwaltungsrecht.

Menzel, Eberhard, Kommentierung des Artikels 59 im Kommentar zum Bonner Grundgesetz (Bonner Kommentar), Hamburg 1950 ff; zit. Eberhard Menzel, Bonner Kommentar.

— Die auswärtige Gewalt der Bundesrepublik in der Deutung des Bundesverfassungsgerichts, AöR 79 (1953/1954), 326—349.

— Die auswärtige Gewalt der Bundesrepublik, VVDStRL 12 (1954), 179 ff.

Merk, Wilhelm, Diskussionsbeitrag zum Thema: Die auswärtige Gewalt der Bundesrepublik, VVDStRL 12 (1954), 229—233.

— Kann der Bundestag der Bundesregierung Weisungen erteilen?, ZgesStW 114 (1958), 705—708.

Mosler, Hermann, Die auswärtige Gewalt im Verfassungssystem der Bundesrepublik Deutschland, Festschrift für Bilfinger, Köln—Berlin 1954, S. 243—299; zit. Mosler, BilfingerF.
— Diskussionsbeitrag zum Thema: Die auswärtige Gewalt der Bundesrepublik, VVDStRL 12 (1954), 239—243.

Münch, Fritz, Die Bundesregierung, Frankfurt/M. und Berlin 1954; zit. Münch, Bundesregierung.
— Diskussionsbeitrag zum Thema: Parlament und Regierung im modernen Staat, VVDStRL 16 (1958), 133—136.

Nawiasky, Hans, Die Grundgedanken des Grundgesetzes für die Bundesrepublik Deutschland, Stuttgart und Köln 1950; zit. Nawiasky, Grundgedanken.
— Die Verpflichtung der Regierung durch Beschlüsse des Landtages nach bayerischem Verfassungsrecht, Festschrift für Apelt, München und Berlin 1958, S. 137—148; zit. Nawiasky, ApeltF.
— Die Verfassung des Freistaates Bayern, Systematischer Überblick und Handkommentar, 2., neubearbeitete Aufl., herausgegeben von Claus **Leusser und Erich Gerner**, bearbeitet von Karl *Schweiger* und Hans *Zacher*, München 1964; zit. Nawiasky, Verfassung.

Obermayer, Klaus, Verwaltungsakt und innerdienstlicher Rechtsakt, Stuttgart—München—Hannover 1956; zit. Obermayer, VA.
— Anmerkung zum Urt. d. OVG Hamburg v. 29.5.1958, DÖV 1959, 266 ff (267 f).
— Das Bundesverfassungsgericht und der Vorbehalt des Gesetzes, DVBl. 1959, 354—358.
— Rechtsetzungsakte ohne Rechtssätze, Habilitationsschrift München 1958 (Maschinenschrift); zit. Obermayer, Rechtsetzungsakte.
— Der Plan als verwaltungsrechtliches Institut, VVDStRL 18 (1960), 144 ff.
— Grundzüge des Verwaltungsrechts und des Verwaltungsprozeßrechts, Stuttgart—München—Hannover 1964; zit. Obermayer, Grundzüge.

Peters, Hans, Der Kampf um den Verwaltungsstaat, Festschrift für Laforet, München 1952, S. 19—36; zit. Hans Peters, LaforetF.
— Die Gewaltentrennung in moderner Sicht, Köln 1954; zit. Hans Peters, Gewaltentrennung.

Ridder, Helmut, Besprechung von: Otto Bachof, Wehrpflichtgesetz und Rechtsschutz, DÖV 1957, 511 f.

Schäfer, Hans, Bundesaufsicht und Bundeszwang, AöR 78 (1952/1953), 1—49.
— Der Bundesrat, Köln—Berlin 1955; zit. Hans Schäfer, Bundesrat.

Scheuner, Ulrich, Der Bereich der Regierung, Festgabe für Smend (Rechtsprobleme in Staat und Kirche), Göttingen 1952, S. 253—301; zit. Scheuner, SmendF I.
— Das parlamentarische Regierungssystem in der Bundesrepublik, DÖV 1957, 633—638.
— Die Aufgabe der Gesetzgebung in unserer Zeit, DÖV 1960, 601—611.
— Das Wesen des Staates und der Begriff des Politischen in der neueren Staatslehre, Festgabe für Smend (Staatsverfassung und Kirchenordnung), Tübingen 1962, S. 225—260; zit. Scheuner, SmendF II.

Schmitt, Carl, Legalität und Legitimität, München und Leipzig 1932; zit. Carl Schmitt, Legalität und Legitimität.
— Verfassungslehre, München und Leipzig 1928, Neudruck 1954; zit. Carl Schmitt, Verfassungslehre.

Schneider, Hans, Kabinettsfrage und Gesetzgebungsnotstand nach dem Bonner Grundgesetz, VVDStRL 8 (1950), 21 ff.
— Diskussionsbeitrag zum Thema: Die auswärtige Gewalt der Bundesrepublik, VVDStRL 12 (1954), 248 f.
— Über den Beruf unserer Zeit für Gesetzgebung, NJW 1962, 1273—1279.

Schneider, Peter, Zur Problematik der Gewaltenteilung im Rechtsstaat der Gegenwart, AöR 82 (1957), 1—27.

Spanner, Hans, Organisationsgewalt und Organisationsrecht, DÖV 1957, 640—643.

Sternberger, Dolf, Gewaltenteilung und parlamentarische Regierung in der Bundesrepublik Deutschland, Politische Vierteljahresschrift 1. Jahrgang (1960/1961), S. 22—37; zit. Sternberger, Vierteljahresschrift.

Thoma, Richard, Der Vorbehalt der Legislative und das Prinzip der Gesetzmäßigkeit von Verwaltung und Rechtsprechung, Handbuch des Deutschen Staatsrechts, herausgegeben von Gerhard Anschütz und Richard Thoma, Bd. 2, Tübingen 1932, S. 221—236; zit. Thoma, HDStR II.

Ule, Carl-Hermann, Über das Verhältnis von Verwaltungsstaat und Rechtsstaat, Staats- und verwaltungswissenschaftliche Beiträge, herausgegeben von der Hochschule für Verwaltungswissenschaften Speyer, Stuttgart 1957, S. 127—165; zit. Ule, Beiträge.

Vialon, Friedrich Karl, Haushaltsrecht, 2. Aufl., Berlin und Frankfurt/M. 1959; zit. Vialon, Haushaltsrecht.

Volkmar, Dieter, Allgemeiner Rechtssatz und Einzelakt, Berlin 1962.

Weber, Werner, Spannungen und Kräfte im westdeutschen Verfassungssystem, 2. Aufl., Stuttgart 1958; zit. Werner Weber, Spannungen.
— Die Teilung der Gewalten als Gegenwartsproblem, Festschrift für Carl Schmitt, Berlin 1959, S. 253—272; zit. Werner Weber, C. SchmittF.

Wöckel, Heribert, Die Richtlinien der Politik im Verfassungsrecht, I. Die Entwicklung des Begriffs, BayVBl. 1956, 257—260.

Wolff, Hans J., Verwaltungsrecht I, 6. Aufl., München und Berlin 1965.

Staatsvereinfachung in Bayern, Gutachten der Arbeitsgemeinschaft für Staatsvereinfachung, Erster Teil, München 1955; zit. Gutachten über die Staatsvereinfachung in Bayern.

Printed by Libri Plureos GmbH
in Hamburg, Germany